ホームヘルパーの認知症ケア事例集

具体例で学ぶ求められる援助

京都福祉サービス協会編集委員会 編

ミネルヴァ書房

はじめに

　日本の認知症高齢者数は，高齢化率の伸びに比例し，その実数も年々増加傾向にあります。厚生労働省の統計によれば，認知症高齢者（認知症日常生活自立度Ⅱ以上）は2010年度の280万人から，2025年には470万人に増えると推計されています。この数値は，高齢者の約10人に1人が認知症であることを示しています。また，85歳以上をみるとなんと4割が認知症になるとの推計です。

　厚生労働省は，2012年6月に「今後の認知症施策の方向性について」を発表し，今後めざすべき基本目標を，「ケアの流れを変える」と位置づけ，「認知症の人は，精神科病院や施設を利用せざるをえない」という考え方から，「認知症になっても本人の意思が尊重され，できる限り住み慣れた地域のよい環境で暮らし続けることができる社会」の実現をめざすとしています。

　ちなみに「ケアの流れを変える」内容については，以下の7つの視点から施策を推進していくことになっています。

　1　標準的な認知症ケアパスの作成・普及
　2　早期診断・早期対応
　3　地域での生活を支える医療サービスの構築
　4　地域での生活を支える介護サービスの構築
　5　地域での日常生活・家族の支援の強化
　6　若年性認知症施策の強化
　7　医療・介護サービスを担う人材の育成

　認知症ケアパスとは，認知症の人とその家族が，地域の中で本来の生活を営むために，認知症の人と家族及び地域・医療・介護の人々が目標を共有し，それを達成するための連携の仕組みです。

　この方針を踏まえ，厚生労働省は同年9月「認知症施策推進5か年計画（オレンジプラン）」を策定し，目標数値もあげ，具体的な体制整備への取り組みについて打ち出してきています。これらの動きからもわかるように，国としては高齢者対策の中でも認知症対策を重点課題としてとらえており，2025年の地域包括ケアの完成を目途にしつつ，認知症ケアについてはそのあり方の転換ともいうべき本格的な体制整備が始まっています。

　これからの認知症ケアは，認知症の発症前後から終末期までのケアを総合的な観点か

ら，かなり細かなところまで調整し，長期スパンでの取り組みを見込んでいるため，地域包括ケアの流れと相まって，ますます変化して改善されていくものと思われます。

在宅の現場において，これから認知症の「ケアの流れを変える」のは，在宅医療・看護と介護の連携が基本になり，具体的には，ケアマネジャー，主治医，訪問看護師，ホームヘルパー等在宅介護マンパワーが中核となります。この事例集では，訪問介護事業の事例をとおして，生活介護を担う立場からヘルパーが，どのような視点で認知症ケアに具体的に関わり役割を果たしているのか，また，それに対し利用者はどのような反応や変化があったかをていねいに時系列に沿って整理しています。

先に見た認知症ケアパスの動きから，今後在宅介護における認知症ケアのあり方は，ますます進化していくものと思われます。また，地域の中でも「オレンジカフェ」等，地域サロンの動きも広がりつつあり，認知症をめぐる環境はどんどん変化してきています。本書での事例は，国による認知症ケアの大きな流れができてくる途上での，認知症の利用者へのホームヘルパー業務の模索の実践記録といっていいかもしれません。

本書では，認知症ケアの学習をさらに深めるため，ひもときシート（認知症介護研究・研修東京センター，2010年，以下出典同）を活用して，利用者本人の理解につとめるようにしました。章ごとに1事例をあげ，シートを作成し分析を行っています。ひもときシートを活用することにより，認知症の人の行動や言葉の背景には様々な原因や意味があることを追及し，その行動や言葉をひもとくことで認知症の人が何を望み，訴えているのかを明らかにして，新たなケアのヒントを見つけるために役立てています。

読者の皆様には，本書の事例からヘルパーが利用者と信頼関係を築くためのケアのプロセス，周辺症状の改善にまじめに向き合うプロセス，本人への関わりの試行錯誤のプロセスをみながら，認知症高齢者の理解を深めていただければと考えています。

さて，本書の作成が構想されたきっかけは，京都福祉サービス協会の居宅部門（訪問介護事業，居宅介護支援事業担当者）の中で2009年度から取り組んできた高度ケア普及委員会の活動でした。この委員会活動の中で，認知症ケアに関する専門部会を構成し，現場で事例を集め，課題分析等をはじめたことが起点になっています。そして，その多くの事例の中から，編集委員会で調整・厳選し13事例に絞り，各事例の経過・傾向等から分類して章立てして理解しやすいように編集を加えました。

事例の作成にあたっては個人情報保護の観点で，あらゆる角度から点検し，大幅な加筆・修正を行っています。本事例集は，実際にあった事例を参考にして，基本的にストーリーを生かし再編したものです。したがって個人情報（疾病情報以外）はすべて架空の物に書き換えています。実際には，存在しないということをあらかじめお断りしておきます。

本書の作成においては，事例集編集委員会のメンバー一人ひとりの積極的で熱心な取り組み，京都福祉サービス協会の高度ケア普及委員会の全面的な支援と現場事務所の担当者（訪問介護事業担当職員及びヘルパー，居宅介護支援担当ケアマネジャー）の協力

がありました。本書の完成には，現場の介護に熱心に取り組む担当者の汗と涙が反映されており，読み返してみてその精神がありありと伝わってきます。スタッフには本当に感謝の気持ちで一杯です。

　また，本書を企画・製作するにあたって，ミネルヴァ書房編集部北坂恭子氏には，並々ならぬご配慮とご協力をいただきました，本当にありがとうございました。

　本書が，先に出版した『ホームヘルパーの医療的ケア・ターミナルケア事例集』とともに，広く医療，看護，介護，福祉関係者に活用されることを願っています。

2014年5月31日

　　　　　　　　　　　　　　　　　　　　社会福祉法人京都福祉サービス協会
　　　　　　　　　　　　　　　　　　　　　　　編集委員会を代表して　　宮路　博

目　次

はじめに

第1章　尊厳の保持について考える

① 自分でできる……2
　――人に頼ることを潔しとはしない思いとは

② 本人の意向……12
　――「自分でする」という本人の意向と生活上の問題解決どちらを大切にするか

③ 服薬管理……21
　――できていないことを認めたくない本人の自尊心を傷つけないために

④ 口から食べたい……29
　――嚥下障害でドクターストップがかかっている利用者の
　　食べたいという気持ちに寄り添う

⑤ 拒否への対応……38
　――なぜゴミを捨てるのか，少しずつその理由を理解していく

！ひもときシートから実際の事例を分析する！　… 51

第2章　周辺症状について考える

① 徘　徊……56
　――外出のたびに戻れなくなる本人の安全を確保するために

② 買物依存……63
　――食材を買いこみたい本人の気持ちに共感する

③ 被害妄想……72
　――訴えを苦痛や不安のサインととらえて状況を改善していく

！ひもときシートから実際の事例を分析する！　… 81

第3章　自立生活支援について考える

① 過去の経験に寄り添う……*86*
　　──本人の良い時代の語りを傾聴し，一緒にできることを考える
② 助けはいらない……*94*
　　──援助が必要な状況下で相次ぐ訪問キャンセルにどう対応するか
③ 自尊心を守る……*103*
　　──本人の行動ではなく感情に寄り添いながらの援助
！ひもときシートから実際の事例を分析する！　… *113*

第4章　家族との関係・理解について考える

① 母娘の衝突……*118*
　　──暴力を受けたと双方が訴える状況に悩む
② 子の認識と現状とのギャップ……*125*
　　──直面する問題をどう解決していくか
！ひもときシートから実際の事例を分析する！　… *136*

資料編

1　ひもときシートを活用してみましょう　… *142*
2　認知症の代表的な4つの原因疾患と対応のポイント　… *145*

本文イラスト：川内直美（社会福祉法人　京都福祉サービス協会）

第1章

尊厳の保持について考える

　介護場面における尊厳の保持とは「日常生活における利用者のその人らしさを尊重し受け入れること」と考えられます。認知症ケアにおいても「利用者本位」のケアや「その人らしさ」を尊重するケアの実践が求められることはいうまでもありません。「認知症のために何が起きて，どんな気持ちで暮らしているかを分かってほしい」「生活することの不自由さや自分自身が不確かになっていく不安と恐怖を抱えながらも，自分らしくありたい」と願う利用者の気持ちをどのように尊重していくのかを考えてみましょう。

① 自分でできる
―― 人に頼ることを潔しとはしない思いとは

1　ケース概要

事例の概要	女性，90歳。 　長年，献身的に介護していた認知症（要介護5）の夫が亡くなった後，本人の認知症が進行して短期記憶障害や幻覚などが現れる。「物がなくなった」「盗られた」などとヘルパーに訴え，遠方在住の家族に頻繁に電話をかける。家事について，自分で何でもできると考えているため，ヘルパーが援助することに対し抵抗がある。毎日のヘルパー訪問で，本人の健康面，生活面を支えている。
家族状況	〈ジェノグラム〉　〈家族構成〉 　　独居。 　　長女・次女：他県に在住。定期的に訪問あり。
生活歴等	他県にて出生，夫と家族を支えながら，飲食店を切り盛りしてきた。世話好きな性格。歴史ある場所に住みたいという思いで，定年退職後に現住所へ転居してきた。夫に認知症が出現し介護を行う中で，敗血症などで入院することとなり，退院後ヘルパー利用を開始する。 経済状況：年金 住宅状況：賃貸アパート
心身の状況	認知症自立度　Ⅱb／寝たきり老人自立度　J1／要介護　2 〈主な病歴・疾患など〉 　敗血症，多臓器不全，アルツハイマー型認知症 〈服薬状況〉 　アリセプト（ドネペジル塩酸塩の薬剤名。認知症の進行抑制に用いられる）を服用中 〈中核症状・行動・心理症状〉 　短期記憶障害，幻覚・妄想

日常生活と コミュニ ケーション	〈ADL〉 寝返り・起き上がり・移乗：自立 歩行：ふらつきあり，何かにつかまればできる。 入浴：自立（入浴のためデイサービス利用）。自宅では入っていないと思われる。 食事・着脱・排泄：自立 〈コミュニケーション〉 視力・聴力：普通 意思の伝達・決定：完全に通じる。
訪問介護 計　画	〈本人の意向〉 　自宅での一人暮らしは夫が亡くなり，夜が1人で怖いけれど，それ以外は好きに生活ができて気楽でいい。デイサービスでも他の人のお世話ができるくらい，元気だと思うので，このまま自宅で生活したい。 〈援助目標〉 　安心して在宅生活を続けていくために，生活環境を整え，意欲の低下を防ぐ。入浴の機会を確保し，他者との交流を図るため，デイサービスへ安全に送り出す。 〈援助内容〉 買物：冷蔵庫内の在庫を一緒に確認し，本人の希望を聞きながら買物に行く（体調がよければ，買物介助を行う）。 掃除：本人に確認しながら，必要に応じて室内の掃除を行う。 デイサービスへの送り出し：体調確認を行い，デイサービスに行けるように安全に送り出す。 服薬確認：アリセプトの服用を確認する。 安否確認：体調確認や食事が摂れているか等，生活の実態を把握する。 〈週間スケジュール〉

	月	火	水	木	金	土	日
午前		訪問介護				訪問介護	
午後	訪問介護	デイサービス	訪問介護	訪問介護	訪問介護		訪問介護

〈訪問介護以外の支援・サービス〉
・家族親類：長女・次女は他県在住，同居家族の介護があり，頻繁に訪問できないが，2か月に1度は訪問している。
・地域：ケアマネジャーから民生委員へ情報提供している。何かあれば協力を依頼できる。

2　支援経過

日時	訪問経過	分析・考察・所感
9月18日	敗血症での入院後，多臓器不全の後遺症があり，生活援助で週に1回ヘルパー訪問を開始する。	
2月19日	夫婦で入院することになり，しばらくヘルパー訪問を中止する。	
4月〜	退院後週に2回のヘルパー訪問に変更し，2回のうち1回は本人と一緒に買物に行く。	
4月	本人から連絡。 　ヘルパーが来ない。自分が「休んでください」と言ったかもしれないが。もう覚えていないので，できればヘルパーに来てほしいとのこと。 →ヘルパー訪問する。	
	ショートステイから戻った夫を介護する毎日となる。	
6月	本人から足の痛みの訴えがあり。すぐに立ち上がることができない。歩行不安定な時があり，転倒したこともあるが，大事には至らなかったとのこと。	
9月	夫の介護疲れから睡眠不足で，時々ベッドで休むことがある。足の痛みは自分でマッサージして軽減できている。	
11月	夫がショートステイを定期的に利用するようになり，その間ゆっくり休めるようになったとのこと。 　夫のショートステイ利用中，「ヘルパーを休んでほしい」と本人から連絡があるが，安否確認の必要があるので，必ず訪問することを本人に伝える。	
12月1日	物忘れが進行しており，同じ話を何度も言うことが多くなる。 　長女が本人の認知症の進行を心配しており，外に出て気分転換を図ることを希望している。地域包括支援センターで，高齢者向け「いきいきサロン」という集いがあるので，本人を参加させたいとのこと。 →ヘルパーが介助する。	

12月4日	〈サービス担当者会議〉 　本人の認知症の進行を気にして，長女から外出の希望が出ている。本人は「自宅ですることがいっぱいあり，外出する余裕がない」と。	**Q1** ヘルパーの援助方針に対して，子の希望と利用者である親の希望が食い違う場合どのように考えて対応すればよいでしょうか？
1月22日	本人の認知症が進行し，夫の介護と日常の家事が負担となっている。夫が在宅の時は，夜間の排泄介助で睡眠がとれないため，混乱していたり，不安感が強かったりすることが多い。 →要介護認定の区分変更を申請。ヘルパー訪問増回を検討する。	
2月19日	〈ヘルパーから連絡〉 　夫がショートステイを利用しなかったので，本人は疲れが出ていると思われるが，気が張っているのか，1人の時よりもがんばっていた。よく話すことが気晴らしになっているようだった。	認知症の進行により，予定の変更などに対応できなくなってきているのではないかと思われる。 　夫がショートステイから帰宅してしばらくすると介護疲れがみられ，思い違いや不安感が増幅し，混乱したりパニックになったりすることがしばしばある。
3月4日	「夫の介護で，夜間眠れず体調が悪い」と言われる。ヘルパーが本人の話を傾聴することで元気を取り戻しているように思われる。	
4月30日	夫がショートステイを利用している期間はヘルパー訪問を週に2回に変更する。	本人の介護疲れを少しでも軽減できたらと考えるが，なかなか生活援助をさせてもらえず，買物とゴミ出しのみの対応である。よりコミュニケーションを図ることで，本人の考えを理解したい。

第1章　尊厳の保持について考える

6月11日	〈サービス担当者会議〉 　　本人から「少しずつ物忘れが出てきている」との訴えあり。夫と一緒にショートステイを利用することを提案する。 　　クーラーの故障に伴い，見知らぬ女性がリモコンを持ち去ったという訴えがある（結果的に椅子の下より出てきた）。	
7月3日	めまい・動悸があるため通院介助する。 　→脱水症との診断 　　ヘルパー訪問増回（安否確認・水分摂取の促し・買物）となる。通院を促し車椅子に乗ってもらうだけで30分以上かかる。当面は栄養の確保もあり経腸栄養剤が処方され毎日飲用することとなる。	
9月5日	夫が留守の時の調理は気が進まない様子。声かけをするが，「自分でするから」と言われ，なかなか一緒にできない。どうすればよいのかわからない。 　　水分や食事をしっかり摂っているかどうか，聞いてみるが，わからず気になる。 　　入浴の声かけをするが，「夜に入るから」と拒否。	
10月6日	朝から炊飯，昼食もしっかり食べたと言われる。夫が帰っている。やはり夫がいると，自分ががんばらねばと気丈にふるまっている。	関係機関の情報共有用の連絡ノートを作る。
11月25日	ケアマネジャーから連絡。 　　夫婦でショートステイ利用の希望があり，12月1日から2泊での利用を予定しているとのこと。	
12月1日 〜 12月3日	ショートステイを利用。 　　ショートステイを利用期間中も，本人がつきっきりで夫の介護をしていたため，自宅にいるより大変だった様子。	
	夫が入院した。病室のベッドで寝たきりの夫を見て不安定になる。ケアマネジャーの訪問があり，気分転換のため，ヘルパーにて買物介助することになる。	
2月1日	本人がとても不安定で「病院に拉致されていた」「夫の所在が分からない」との訴えがあり。あちこちへ電話をする。	

3月15日	体調が悪く，めまいと息苦しさを訴えている。本人から往診の希望が出ている。 →往診の結果，血圧・脈拍ともに正常値であった。	
5月9日	同じ内容の話をくり返し3回聞く間に，入浴も，調理も実施できなかった。	
6月9日	〈サービス担当者会議〉 　1人で入浴できていない。ヘルパーが見守りをすることを勧めても，「寝る前に入っている」と拒否がある。 →デイサービスを利用してみてはどうか。夫のショートステイの予定が変わると混乱がある。	
7月3日	夫が死去したため，しばらくヘルパー中止（今月中）。 〈担当者会議開催〉 　入浴については「温泉に行く」と伝えることでデイサービス利用を開始する。 　買物は，できるだけ本人と一緒に外出できるよう声かけする。	
8月5日	〈デイサービス開始〉 　本人が「めまいがするから行かない」と話すが，他の話をしながら着替えをしてもらい，スムーズに出かけられる。	
9月12日	<u>デイサービスの送り出し時，「ゆっくりしたいのに，なぜ行かないといけないのか」と泣いたり，怒ったりして拒否がある。</u>デイサービススタッフと一緒に説明して，30分遅れで出発した。 **Q2** デイサービスに行きたくない利用者の送り出し援助。激しく拒否している時は，無理に行ってもらわなくてもいいですか？	前日には何回もケアマネジャーに断りの電話をかけている。
10月26日	着替えようとせず，デイサービスへ行く気がない。ケアマネジャーに相談し，デイサービスを休むことになる。	
11月13日	買物に行く時に持参する鍵がいつもの場所になかった。後日デイサービス用の袋から鍵が2個見つかる。	
11月17日	本人「昨日から財布がないので探している」と。 　一緒に探したが見つからなかった。長女へも本人から何回も「財布がないこと」を電話している。	

第1章　尊厳の保持について考える　7

12月22日	財布がまだ出てこないとカバンの中を探している。	
1月31日	本人,昨日また財布がなくなったといわれる。申し送りノートを読んで,いつからなくなっているのか自分で確認していた。	
2月20日	本人,今日もまた財布がなくなったと言われる。	
3月25日	本人「美容室で5万円払ったけど,一体いくらだっただろう」とのこと。	
4月18日	本人「バッグ,財布が見当たらない」と訴えるのでヘルパーと一緒に探したが,見当たらない。買物後,残金を渡したところ,別の部屋にある花瓶の中に入れていた。	
5月25日	先週購入した野菜類がそのままになっていた。冷蔵庫から出して調理するよう勧めた。	
6月21日	朝・昼分を一緒に食べていた。昔の楽しかった話をずっとしている。食欲がないので買ってきてもらう物がないとのことで買物は取りやめになった。	気分転換のため,体調のよい時を見計らって,ヘルパーにて買物介助を行う。

3　担当者の所感及び考察

■サービス提供責任者より

・本人が夫の手を握り，耳元で一生懸命，声かけをしているのを見て，献身的な介護をしていることが分かった。夫がデイサービスから帰ると疲れも見せず，自分がしっかりしなければという思いでがんばっていたようで，夫がデイサービスに行く間は，気が抜けたように食欲がなくなることを担当ヘルパーと一緒に心配した。

・「自分で何でもできる」と人に頼ることを潔しとはせず，援助させてもらえないため，担当ヘルパーは「これでいいのだろうか」という不安を抱えての訪問だった。夏に脱水症状を起こした後，安否確認や水分摂取の促しを含めた援助で毎日訪問するようになったが「自分でできるから，毎日来てもらわなくてもいい」と断りの電話が続いた。それでも安否確認のための訪問を続けた結果，ようやく毎日の訪問ができた。

・訪問時は元気がなく「体調が悪い」との訴えが多いが，ヘルパーの声かけで，ひとしきり昔の話をすると，少しずつ元気になるようである。そうした様子の確認が，本人に対する援助かもしれないと考えている。自らの希望を言われることは少ないが，元気になり意欲が出て，前向きに生活してもらいたい。認知症による物忘れが進行しているが，少しでも長く住み慣れた場所での在宅生活を続け，家族にも安心してもらえるように，関わっていきたい。

■ヘルパーより

・介護の負担軽減のため訪問しても「自分が家の中のことをしてきた」という自負から，「掃除は自分がしているからいい」と言われ，ヘルパーがいる時に自宅で入浴をしてはどうかと促しても「寝る前に入る」とやんわりと拒否され，実際は入浴していないことが続いた。ケアマネジャーから「温泉のあるデイサービスへ行きますか」という提案があった時も「行く」とはいうものの，実際に出かけるまでは時間を要した。

・夫が亡くなると，朝はゆっくり寝ていることが多くなり，デイサービスの送り出しの時は時間がぎりぎりで大変だった。

・「デイサービスで入浴してほしい」と思うヘルパーと「しんどいのに，なぜ行かないといけないのか」という本人の思いとの狭間で，気持ちよくデイサービスへ行ってもらえる方法がないか悩んだ。元来，社交的で外出好きな方なので，一緒に洋服を選び，楽しい雰囲気でデイサービスに行けるように，声のかけ方，話題の選び方などさまざまな面からの対応を心がけた。訪問時はしんどそうな様子で，毎回「今日は行かない」という答えだが，明るい話題を提供し，次第に気分よく出かけられるようになった。

・本人の自尊心を大切にしながら，少しずつできなくなっていることを援助し，その中で気づいたことをサービス提供責任者やケアマネジャー，主治医と連携し情報を伝え

るようにしていくことができればと考えている。
●苦労したことや留意点など
・夫婦ともに認知症があり，本人は認知症ながら，夫を介護するという実情で，その日の状態で柔軟にヘルパーが支援できるように情報共有を心がけた。
・「何でもできている」とヘルパーの援助を拒み，どのようにして援助をするかが課題となった。最低限必要なこと，たとえばヘルパーの役割を本人に伝えることで，ヘルパーの援助を少しずつ広げていった。
●疑問点や不安であったことなど
・一日１回のヘルパー訪問では，本人の生活実態が把握しにくい状況だった。
●うまくいったことなど
・毎日，ほぼ同じ時間にヘルパーが訪問することで本人の混乱がなくヘルパーの訪問を受け入れてもらえた。大好きな昔話を傾聴することで，表情も明るくなった。

Q1 ヘルパーの援助方針に対して，子の希望と利用者である親の希望が食い違う場合どのように考えて対応すればよいでしょうか？

A 　ヘルパーは本人との信頼関係で業務を遂行することから，子の希望を優先する場合は，本人が普段との違和感を覚え，せっかくできていたヘルパーとの信頼関係が揺らぐことがあります。継続的な関係を維持しながら，本人の状況を改善していくことが必要であり，サービス担当者会議の中で本人の反応を想定して具体的な進め方等あらかじめ調整しておく必要があります。本人が受け入れない場合にどのような課題に優先して対応するのかなど，細かいことも事前に話し合うことが大切と思われます。

Q2 デイサービスに行きたくない利用者の送り出し援助。激しく拒否している時は，無理に行ってもらわなくてもいいですか？

A 　普段本人が普通に行っている時の状態とどのように違うかの見極めが必要となります。本人が，どのような理由で拒否をしているかを明確にしておく必要があります。それが一時的な興奮状態であるのか，体調が悪いためなのか，よく観察しての判断が必要となります（例えば，バイタルサイン，普段とのコミュニケーションとの違い，睡眠や食欲等）。その上で，そのままデイサービスを利用して本人の予後が決して落ち着くと思われない場合は，中止の旨についてケアマネジャーを通じて相談調整します。この際，受け入れるデイサービス側の経験則や利用者との関係性で変わる場合もありますから，デイサービスの担当職員にも確認するようにします。

4　事例のまとめ

　本事例の経過については，前半（約3年）は本人にとっては夫の介護の期間で，後半（約1年）は夫死去後の独居生活の期間でのヘルパー訪問の内容を示しています。前半は，認知症の症状があるにもかかわらず本人は夫の介護に献身的にかかわり，訪問介護，ショートステイを利用しながら，夫が安らかな最期を迎えるまで介護者としての役割をしっかり果たしますが，物忘れ等はじめ認知症が徐々に進行します。後半は，独居になった後の介護者としての役割がなくなった後，さらに認知症の行動・心理症状（意欲低下，不安感，感情コントロールがうまくできない等）が顕著になってきています。

　本人にとって，夫の介護は自分が務めなければならない役割であり，自分の存在感を示す唯一のものでした。本人は介護者であることを責任として強く自覚していることで，24時間の重介護であるにもかかわらず，自身に認知症があっても，そのことが支障とならず，夫の最期の臨終の場面まで介護をやり抜くことができました。この間，ヘルパーは，介護者として立ち回る本人を最大限尊重し，本人の体調チェックと相談（話し）相手，そして本人（がしんどい場合）の支援等が主な役割となりました。

　今は，本人は独居になり，夫の介護という役割を喪失し生活の張りがなくなりました。ヘルパーの訪問とデイサービスを定期的に利用はしていますが，本人の意欲が出ず拒否的な反応が多い状況です。また，本人が自身で管理しているはずの財布がなくなることが繰り返し起こっています。認知症の症状の進行を加速させないために，独居生活という本人にとって新たな生活形態をなるべく早期に習慣化し，周りの環境（リスク管理にも配慮）整備をすることが必要となっています。独居生活になっても，本人の居場所と役割を見出すことが必要だと思います。また本人にとっての居心地の良さを追求して，サービス担当者が家族の意向も含めて調整していくことがこれから大切ではないかと思います。

本人の意向
――「自分でする」という本人の意向と生活上の問題解決どちらを大切にするか

1 ケース概要

事例の概要	女性，79歳。 　アルツハイマー型認知症により物忘れが顕著になっている。ヘルパー訪問時は，インターホンを鳴らしても応答がなく，事業所からの電話を受けて，初めてヘルパーの訪問に気付いたように，にこやかな応対をしている。 　予定を忘れないように，カレンダーにヘルパー訪問日や通院日など記入しておくが，すぐに忘れてしまう。 　入浴や通院を拒否することが多く，本人は「何でも自分でできる」と思っているため「後でします」と拒否することが多く，必要な援助が提供できない。 　毎日の服薬はできているようだが，通院を拒否するため，薬がなくなることがある。
家族状況	〈ジェノグラム〉　〈家族構成〉 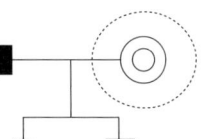　独居。 　　　　　　　　長女：他県に在住。 　　　　　　　　長男：キーパーソン。
生活歴等	現住所に長く在住している。事務関係の仕事に従事していた。 　退職後も園芸をしたり体操の教室に通ったりし，自分のペースで暮らしている。 経済状況：年金 住宅状況：一戸建て（持家）
心身の状況	認知症自立度　Ⅱb／寝たきり老人自立度　A1／要介護　1 〈主な病歴・疾患など〉 　アルツハイマー型認知症（夫の死去後），高血圧 〈現在の治療状況〉 　月1回（火曜）　近くの神経内科医院を受診。

	〈服薬状況〉
	1日1回朝食後にアリセプト，血圧降下剤を服用
	〈中核症状・行動・心理症状〉
	・電気の消し忘れ，ガスの元栓や水道蛇口の閉め忘れが見られる。通帳・財布などを保管した場所や，食事をしたことを忘れる。物がなくなり，盗まれたと毎日家族に電話をする。財布が見つからない時には「私の後をつけてくる人がいるから，戸を開けた時，キョロキョロ見るの」とヘルパーに話している。
	・同じ質問を繰り返す等の記憶障害が見られる。主治医に「食事は何を食べてもいいですか」と繰り返し尋ねている。
日常生活とコミュニケーション	〈ADL〉
	寝返り：自立（2階の部屋に，常時布団を敷いている。寝室への立ち入りを拒むことが多い）
	起き上がり・移乗・歩行：自立
	入浴：自立（本人は「入っている」というが，入浴した形跡がない）
	食事：自立
	着脱：自立（常に同じブラウスとスカートを着ており，汚れが目立つ。パジャマが枕元に置いてあるが，着替えているかは不明である）
	排泄：自立（洗濯機に，便で汚れた下着が入っていることがある）
	〈コミュニケーション〉
	視力・聴力：問題なし
	意思の伝達・決定：記憶力の低下が見られる。同じ話を繰り返す。
訪問介護計画	〈本人の意向〉
	背中が丸くならないように体操教室に行っています（本人は，今も教室に通っていると考えている）。
	できることをしながら，自分のペースで暮らしたい。
	〈家族の意向〉
	日々の生活について心配している。身体のことが気になるので，通院はヘルパーと一緒に行ってほしい。
	〈援助目標〉
	・定期的に通院ができるように，ヘルパーが介助する。薬の飲み忘れがないように確認する。
	・できにくくなっている家事は，ヘルパーが支援する。

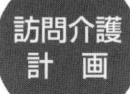

〈援助内容〉
調理：冷蔵庫にあるもので2品程度，一緒に作る。
掃除：1階の居室や2階の寝室の掃除機かけを一緒に行う。
その他家事：ゴミ出しを行う。
服薬確認：朝食後の服薬確認を行う。
通院介助：医院への通院介助を行う。
〈週間スケジュール〉

	月	火	水	木	金	土	日
午前		訪問介護			訪問介護		家族訪問
午後							

〈訪問介護以外の支援・サービス〉
・家族親類：長男の妻が，1週間分の薬をセットしている。
・地域：挨拶をかわす程度である。

2　支援経過

日時	訪問経過	分析・考察・所感
6月10日	〈ヘルパーから報告〉 　通院はしているが、薬局に処方箋を出し忘れ、薬が処方されていない。郵便局に行くことも忘れ、生活に必要なお金も引き出せていない。	誰かが付き添うことや、本人に声かけをする必要がある。
7月8日	〈ヘルパーから報告〉 　訪問時、いつも同じブラウス・スカートを着用しており、汚れている。寝室にはパジャマが脱いであるが、毎日同じ洋服に着替えていると思われる。洗濯や入浴をしている形跡がない。	保清や着替えができていないため、今後促しをしていく必要性があると考える。ケアマネジャーに報告する。
7月20日	〈サービス担当者会議〉 　通院日は、本人に受診を促す声かけを行うようにしていたが、受診せずそのまま帰宅することがあった。今後は医院までヘルパーが通院介助を行い、確実に受診してもらうことに決まる。 　主治医より、入浴ができていないと指摘があり、また、長男も、本人が入浴や着替えができていないことを気にしていることから、入浴の促しをして様子をみる。	家族の安心感は得られるものの、本人は「何でも自分でできる」と思っているため、ヘルパーの訪問に対して「なぜヘルパーが来るのか」と不審に思っている様子。
	〈ヘルパーから連絡〉 　<u>訪問し、インターホンを押すが応答がない。</u> →事務所から本人宅へ電話をして、ようやく玄関を開けてくれる。 　訪問を拒否しているのかと思ったが、援助の受け入れはよく、味噌汁とほうれん草のおひたしを喜んで食べていた。 **Q3** 訪問時施錠してあり、インターホン等にも反応がないとき、まずどう対応すればよいでしょうか。	本日以降もインターホンでの応答はなく、毎回事務所から電話をして、ヘルパー訪問を初めて知ったように戸を開けるようになる。
9月25日	家族の依頼により、入浴介助で訪問する。 　「今は入りたくない。後で入ります」と拒否があった。「明日は通院日なので、お風呂に入ってから、お医者さんに診てもらいましょう」と声かけすると、「そうね、先生に診てもらうし、入ろうかしら」と、浴槽につかるだけではあったが、入浴をしてもらえた。	清潔な身体で受診したいという思いを持っているためか、声かけに応じてもらえた。まずは、通院日の前日に入浴の促

		Q4 入浴拒否の利用者へのアプローチ方法があれば教えてください。	しを試みて，様子を見たい。洗身・洗髪を促す必要性があると考える。
10月2日	入浴介助で訪問する。「今は入りたくない。後で入ります」と拒否があった。気分を変えるため，食後に再度促すと，「入っておこうかな」と言い，入浴してもらえた。洗身・洗髪を促すと，最初は拒否があったが，2～3回声かけすると応じてくれた。 　また，洗濯機の中に，便がついた衣類が入っていた。 →担当ケアマネジャーへ報告。 　サービス内容に，入浴介助や洗濯の支援を追加する方向で相談する。		一度拒否すると頑なになる方なので，意欲を引き出す声かけが難しい。
10月8日	本日は拒否することなく通院ができた。帰宅後，食事の用意や洗濯を本人と一緒に行う。 　「全部してもらってありがとう」と，ヘルパーが汚れた下着を洗う姿を見て安心しているようだった。		
10月12日	新しく担当するヘルパーの入浴介助時に，初めて洗髪が実施できた。		担当ケアマネジャーと相談した結果，（月曜）入浴介助，（火曜）通院介助と生活援助，（金曜）生活援助を居宅サービス計画書に位置づけることになる。
11月～1月	ヘルパー訪問そのものの拒否や入浴の拒否が多くなってくる。 　ヘルパーが訪問しても，応答がなく，事務所から電話をするが「自分でできるので結構です」と受け入れてもらえない。		電話をする際，なんとか入室できるように，本人に話すが，頑なに拒否される日が多くなる。時間をずらして再度訪問しても結果は同様である。

4月5日	引継同行 　（木曜）に入浴介助を増回するため，新しいヘルパーへ援助内容の引継を行う。	
4月12日	入浴の促しを行ったところ「後で入るからいい」「今日は入りたくない」と拒否が見られた。「お風呂に入っていただくために伺っている。入浴してもらえなかったら帰れません」と伝えたところ，入浴してもらえた。一旦浴室に入ると，ヘルパーの促しで洗身・洗髪ができた。	ヘルパーが訪問するのは，入浴介助のためだと理解したのか，拒否が減る。
4月30日	長男家族が，近隣に引っ越してきたことから，週末には長男の妻が訪問するようになる。	
5月12日	「今日は絶対に外に出たくありません」「後で行きます」などと言い，通院の拒否が続き，薬がなくなる。午後から再度訪問しても，拒否があり，通院はできなかった。	

Q3 訪問時施錠してあり，インターホン等にも反応がないとき，まずどう対応すればよいでしょうか。

A 　居宅内で転倒している等，緊急の事態も念頭におき，あらかじめ定められた対応方法（業務マニュアル）に従いましょう。直近の身体状況等によっては，救急車要請の判断が必要となる場合も想定されます。独居の認知症高齢者の場合は，あらかじめ緊急場面を想定し，サービス担当者間で対応方法を決めておく必要があります。

Q4 入浴拒否の利用者へのアプローチ方法があれば教えてください。

A 　利用者がこれまでどのようにして入浴してきたのか経過を理解することが必要です。近況では，どのような場合に介護者からのアプローチを受け入れ入浴でき，どのような場合に入浴ができていないのかを，具体的に把握し，うまく入浴できた場合の状況と流れを参考にすることが大切と思われます。ただし，この場合も当然，本人が介護者との信頼関係がとれている（普段のヘルパーの介護に対して極端な抵抗・拒否がない）ということが前提になります。

3　担当者の所感及び考察

▰▰サービス提供責任者より

●苦労したことや留意点など
・「何でも自分でできる」という本人の思いや，自尊心を傷つけないような声かけに苦慮している。
・カレンダーに予定を記入し，本人にもメモを記入してもらうが，当日の気分で行動するため，予定通りにはいかない。

●疑問点や不安であったことなど
・信頼関係ができているヘルパーが訪問しても，通院を拒否する。なぜ行きたくないのか分からない。

●うまくいったことなど
・週1回，サービス提供責任者が定期訪問し，アセスメントを行い課題を抽出した結果，ヘルパー訪問の増回につながった。また，本人が慣れているヘルパーから新しいヘルパーへ引継を行い，混乱なく新しいサービスを受け入れてもらえた。現在3名のヘルパーがチームとなり定期的に訪問している。

▨ヘルパーより

●苦労したことや留意点など
・時間をかけて声かけし，入浴する気になっても，すぐに気が変わり，声かけのタイミングに苦労している。
・通院，入浴，着替えなどの援助目的を先に説明すると拒否があるため，目的を告げずに援助を行っていたが，本人が了解していないようで辛かった。もう少し，本人の意欲を引き出せるような促しをチームで検討したい。

●疑問点や不安であったことなど
・数人のヘルパーが入ることで，本人が混乱しないか不安であった。

●うまくいったことなど
・本人の性格を把握し，状況に応じた声かけをすることができた（「お風呂に入ってもらえないと帰れないのです」など，ヘルパーが困っているように訴える。→「それじゃあ入ります」）。

●その他
・本人の思いを受け止めて，各ヘルパーが工夫しながら援助することによって，落ち着いた生活を維持してもらえたように思われる。
・援助を拒否する理由があるように思われる。本人の思いを尊重し援助を進めたい。

4　事例のまとめ

　訪問介護計画によると，本人はまだ「体操教室に通っていると考えている」。本人は自分の健康づくりにも留意して，十分元気であり，人の助けはいらないとの認識のようです。しかしながら，現実は，物忘れは激しくなり，被害妄想なども出てきています。ヘルパーの援助に対しても，入浴拒否，通院拒否，そして訪問そのものも拒否することがあるようです。それらに対して，担当ヘルパーは，本人のその日の気分によって，声かけ内容や働きかけのリズムを変える等して，本人の自尊心に最大限配慮し，対応をきめ細かく工夫しています。

　ヘルパーとしては，利用者に拒否をされても，利用者から「ヘルパーは私を否定している（私の思いと反対のことを押し付けてくる）」ということを意識させないようにすることが大切になってきます。利用者の拒否をそのまま受け続けると何も前に進まない。さりとて，利用者の拒否を否定してヘルパーの意向で事を進めると利用者の自己決定に反する，ということになります。利用者の反応，症状には原因と結果がある。すなわち必ず意味があることを念頭において，利用者の過去からの習慣や性格，ヘルパーからの働きかけへの反応の変化などから，よりベターな解決の糸口を探し出す工夫が大切になります。

　このケースで言えば担当ヘルパー3名が相互に関わりの違いを情報共有，理解し，本人への働きかけへの反応の変化，新たな発見，経時変化などを観察，分析し，そしてそれらをヘルパーのアプローチの微調整に反映させる必要があります。本人が最も穏やかに過ごせる環境（居住環境だけでなく，人的環境も）を見出していくのが，認知症ケアの大事な要素だと思います。

③ 服薬管理
――できていないことを認めたくない本人の自尊心を傷つけないために

1 ケース概要

事例の概要	女性，77歳。 　認知症が進み，周囲の人からの助言の受け入れが難しく，サービス内容の変更等で，自分自身の生活が変化することに拒否がある。服薬に課題があり，以前は服薬カレンダーを使用して，服薬管理を行っていたが，最近は空の袋をカレンダーに戻すことができなくなり，適切に服薬管理ができていない。また喘息があり，毎日吸入器による吸入を行う必要があるため，ヘルパー・デイサービス・訪問看護師などサービス関係者で本人に促しを行っている。
家族状況	〈ジェノグラム〉 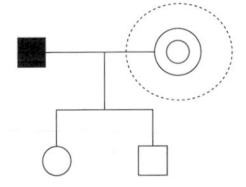 〈家族構成〉 　独居。 　長女：市内に在住している。週末に訪問し，本人宅の家事などを行っている。
生活歴等	事務の仕事に従事し，定年まで働いてきた。10年前に夫が死去してから独居となる。週末には市内在住の長女の訪問があり，日常生活の支援を行っている。 経済状況：年金 住宅状況：集合住宅
心身の状況	認知症自立度　Ⅱa／寝たきり老人自立度　A1／要介護　2 〈主な病歴・疾患など〉 　アルツハイマー型認知症，骨粗鬆症，高血圧，気管支喘息 〈現在の治療状況〉 　月1回の整形外科受診と，週1回の内科往診がある。 〈服薬状況〉 　喘息発作予防の吸入薬の吸入，内科の薬（薬カレンダーで管理） 〈中核症状・行動・心理症状〉 ・きちんと服薬管理ができない。他者からの服薬の促しに拒否がある。

	・室内の掃除や洗濯など，自身で行えると思っている援助をヘルパーと行うことについて拒否がある。
日常生活とコミュニケーション	〈ADL〉 寝返り・起き上がり・移乗・歩行：自立 入浴：デイサービスで一般浴を利用している。 食事・着脱・排泄：自立 〈コミュニケーション〉 視力：問題なし 聴力：大きな声でないと聞こえにくい。 意思の伝達・決定：理解力の低下が見られる。
訪問介護計画	〈本人の意向〉 　今まで通りでよい。 〈援助目標〉 　身体に負担のかかる家事や身の回りのことを一緒に行う。また，本人の体調が思わしくない場合，移動・移乗などの介助を行い，自宅で安心して生活できるよう支援する。 〈援助内容〉 買物：近くの店に行く。次回ヘルパー訪問までの食材を確保する。 掃除：居室・寝室・トイレ・台所の掃除，ゴミ処理を一緒に行う。 洗濯：洗濯干し，取り入れを一緒に行う。 排泄介助：トイレ介助・パンツ式おむつの交換・清拭など，必要時は介助する。 服薬確認：吸入・服薬の確認を行う。 買物介助：希望時は車椅子や手押し車を使用した買物介助を行う。 〈週間スケジュール〉 |	月	火	水	木	金	土	日
---	---	---	---	---	---	---	---
午前	訪問介護	デイサービス	訪問介護	訪問看護	デイサービス	訪問介護	
午後	往診							 〈訪問介護以外の支援・サービス〉 ・他の福祉サービス：デイサービス（火曜・金曜） ・福祉用具貸与：手すり，手押し車 ・医療機関：訪問看護（木曜），往診（月曜） ・家族親類：長女が日曜日に訪問し，家事支援を行う。通院の際は長女が付き添うことが多い。

2　支援経過

日時	訪問経過	分析・考察・所感
11月28日	〈初回訪問〉 　本人に吸入の声かけを行うが，「吸入は自分で行う。時間帯が決まっており，ヘルパーに言われて行うものではない。服薬も自分で行っている」と言い，服薬などの促しに対して拒否がある。洗濯についても「自分で洗濯している」と拒否するが「一緒に取り込みましょう」と声かけをして，干してある洗濯物をたたむ。 **Q5** 服薬を拒否する利用者の気持ちがわかりません。なぜですか？	本人には，生活を変えられたくない，介入されたくないという思いがある。特に吸入薬の促しなどの援助に対して，拒否がある様子。強く促しなどを行うと，本人に「訴えを聞かない者」と捉えられる可能性があるため，本人の体調などに注意してタイミングを計りながら促しを行う必要がある。
1月10日	〈サービス担当者会議〉 　服薬・吸入の促しに拒否がある状況だが，訪問看護師から吸入に関しては「これは何ですか。やってみてください」と本人に促すと，自分で行えることがあると聞く。 →各ヘルパーに連絡し，明日訪問するヘルパーの支援から実践してみることとする。	デイサービスでのトイレ誘導，訪問看護師からの薬の介助に拒否があり，以前よりも拒否が強くなっていることを関係者で確認する。記憶力の低下などが見られるので，本人の不安感が強くなっているのではないかと思われる。
1月11日	吸入器を指して「これは何ですか」「どう使うものですか」と尋ねると，「知らないのですか」「こう使うのです」などとヘルパーに教えながら，自分で吸入を実施された。	本人のプライドを傷つけず，教えを請う形での促しのため，拒否感が少なかったのではないかと思われる。

3月18日	服薬に関して，引き続き飲み忘れがある様子だが，ヘルパーの促しに対しては「すでに自分で服薬した」と言い，実際にできている場合とできていない場合がある。吸入の促し，「使い方を教えてください」という方法では難しくなってきている。	ヘルパーの確認で服薬することもあるが，「薬」と話し始めただけで「分かっている」と強い口調になることがある。その日の体調・精神的な波にも左右されるため，今後もタイミングを計る必要がある。
3月27日	朝の服薬を忘れていたため，ヘルパーが促しを行う。服薬後，本人が「薬を飲むと，トイレに頻回に行くことが嫌です」とこぼされる。服薬の促しに拒否があれば，少し間をおいてから，本人に声をかけてテーブルに置くと，後で服薬している様子。	本人の訴えを医療・看護担当者に報告する。

4月13日	〈サービス担当者会議〉 　服薬が確実に実施できてない状況が続いており，ここ最近は慣れた訪問看護師に対しても拒否がある。吸入だけでなく飲むタイプの服薬も困難になりつつある。ヘルパーでの援助の際，本人との関係が壊れないように主治医の名前を出しているが，それでも拒否される場合は無理に勧めない方がよいということになる。	
5月14日	主治医からヘルパー訪問時に吸入ができているか確認するよう言われているという旨を再度本人に説明し，吸入の促しを行う。うまく吸入器を吸えていないため，数を数えながら促し，吸入を実施する。	「自分でできる」と言われるが，1人ではしっかり吸えない場合があるため，促しと見守りを継続する必要がある。
5月19日	ヘルパーが吸入の促しを行うが「主治医の先生が……」と言いかけた時点で「わかっています」と強い口調で言われ，吸入を拒否される。	ヘルパーや訪問看護師が，毎回促しをすることについて，いら立ちがある様子。

> **Q6** 服薬しないといけないことはわかっているのに，服薬しない利用者。どのように対応すればいいでしょうか？

3 担当者の所感及び考察

▰サービス提供責任者より

●苦労したことや留意点など

・「本人がすること」「ヘルパーがすること」「訪問看護師がすること」「主治医がすること」などが本人の中で決められている。また本人が「自分ではできない」ことの受け入れが難しいため，援助内容の変更に対して強い拒否がある。
・耳が聞こえにくく「思い込み」があり，理解力や記憶力の低下が見られ，コミュニケーションが取りづらい状況が増えたこと。

●疑問点や不安であったことなど

・「洗濯は自分の仕事」と本人が決めているようで，なかなか援助させてもらえなかった。
・服薬は，週1回の訪問看護や往診での管理だが，訪問看護師に対して拒否があり，服薬できていないことがある。

●うまくいったことなど

・「吸入器の使用方法を教えてほしい」と本人に対して教えを請う形で促しを行ったことで，プライドや自尊心を傷つけることなく，吸入を行ってもらえた。
・訪問看護師などの関係者と適切な声かけや促し方法の協議ができ，必要な支援が実施できた。

▰ヘルパーより

●苦労したことや留意点など

・本人が曜日やヘルパーにより援助内容を決めているため，薬や洗濯・掃除・ゴミ処理の促しを受け入れてもらうことが難しかった。本人は周囲の思いを理解し受け入れている部分と受け入れていない部分がある。
・耳が聞こえにくいため，反射的に声を荒げたり，最後まで話を聞いてもらえなかったりすることが多く，大きな声で強く拒否されると，促しがしにくい。

●疑問点や不安であったことなど

・服薬や掃除などを強く勧めすぎると「勝手なことをする，話を聞かないヘルパー」ということになり，訪問自体を拒否されるのではないかと感じる。
・自尊心を傷つけないよう援助するため，どのような言葉かけをすればよいのか，毎回考えながら接している。

●うまくいったことなど

・吸入に関して「やり方を教えてほしい」という促し方を行うようになり，目の前で吸入を確認できた。
・服薬の促しに関して，目の前での服薬を拒否された日も，テーブルに出しておくと後

で飲めていることが多い。
・トイレが汚れていても掃除の拒否が続いたため「外で待てないので，トイレを貸してください」と伝えてトイレに入り，「使わせてもらったので掃除します」と伝えて掃除ができた。
・場が和むように笑顔で世間話を行い，会話の流れで自然に服薬などの促しを行うと，拒否はあっても，声を荒げることは少なくなった。

Q5 服薬を拒否する利用者の気持ちがわかりません。なぜですか？

A 　本人が自分で服薬ができているからと認識している場合と，必要ないと思っている場合があり，認知症の高齢者の場合，その場で自分が服薬しなければならないこと，普段服薬をしていること自体を忘れていることも考えられます。本事例においては本人が服薬していることを常々目（視覚）で確認するために，服薬カレンダーを用いる等の工夫がとられています。

Q6 服薬しないといけないことはわかっているのに，服薬しない利用者。どのように対応すればいいでしょうか？

A 　「かならず服薬をしてもらわなければ……」とヘルパーが服薬を無理強いすることで，よけいに強く拒否されることも考えられます。利用者が受け入れやすいような声かけや工夫を関係者間で協議することで，受け入れてもらえるようなヒントがあるかもしれません。また，なぜ「服薬をしたくないのか」という視点から原因を探ることが重要です。本事例では利用者が「薬を飲むとトイレに頻回に行く事がいやです」と自身の気持ちを話していたようですが，この服薬に対しての副作用が拒否の原因かもしれません。薬剤師などとの連携の中で，本人に負担のない服薬方法を検討してくことも必要でしょう。

4　事例のまとめ

　慢性疾患の多い高齢者にとって，服薬は日々の体調管理のためにも，習慣化され確実に実施してもらう必要があります。本事例では服薬カレンダーを活用し，訪問看護師，ヘルパー等が，あれこれと声かけの工夫を行い，服薬を促していましたが，なかなかこれといった確実な手法が見いだせていません。

　3月27日に本人がヘルパーに対して「薬を飲むと，トイレに頻回に行くことが嫌です」と，薬を敬遠しがちな理由が吐露されています。時折，自主的に服薬している事実があるため，本人としては，薬の効果性を疑っているというより，服薬することで起こる頻尿のことがあり，敬遠しがちになっていることが想像できます。

　これらの事実について，訪問看護師，主治医に伝え，服薬の内容，投薬の手法を再検討する必要もあるかもしれません。私たちが行動する上で不快感が生ずることは，誰しも行うのを避けたいものですし，取りやめることも多いものです。安心して自然な状態で日々くらしていきたいというのは，当たり前の感情です。

　薬を飲んでもらうこと，服薬確認することだけに焦点をあてるのではなく，本人が自分にとってどのようなとらえ方で服薬をおこなっているか，たとえば「飲まなくても生活に支障ない」「飲まないと体が異常にだるくなるから欠かせない」という認識なのか，また認知症の症状である失認，失行によるものなのか，しっかりと本人の状態の観察，他の担当者の情報を総合して見極める必要があります。

4 口から食べたい

――嚥下障害でドクターストップがかかっている利用者の食べたいという気持ちに寄り添う

1 ケース概要

事例の概要	女性，85歳。 　誤嚥性肺炎で，3か月入院した時に認知症が進行した。視力障害があること，喉頭がんによるスピーチカニューレの処置で，かすれた声であったり，耳が遠かったりするなどコミュニケーションが取りにくい。 　認知症が進行し，穏やかな性格が「攻撃的」になった。経口摂取が困難であるため，胃ろう造設し，1日3回，ヘルパー訪問時に，本人が経腸栄養剤の注入を行っている。
家族状況	〈ジェノグラム〉　　　　　　　〈家族構成〉 　　　　　　　　　　　　　　　婚歴はない。独居。 　　　　　　　　　　　　　　　姪がキーパーソン（他県在住）。
生活歴等	他県出身である。教育関連の仕事をしていたが，視力低下のため中途退職した。その後，住み込みの家政婦として長年働いた。 経済状況：年金 住宅状況：一戸建て・賃貸
心身の状況	認知症自立度　Ⅱb／寝たきり老人自立度　A1／身体障害者手帳　1種2級／要介護　3 〈主な病歴・疾患など〉 　視力障害（1種2級），喉頭がん（スピーチカニューレを使用している），誤嚥性肺炎（経口摂取が困難であるため，胃ろう造設した），アルツハイマー型認知症 〈現在の治療状況〉 　往診がある。 〈服薬状況〉 　経腸栄養剤を注入時に，本人が朝のみ薬の注入を行う。 〈中核症状・行動・心理症状〉 ・認知症が急激に進行し，時間が分からない，物忘れが激しい，理解力の低下などが顕著である。「ヘルパーが来ない」との訴えで，電話で

	の問い合わせがある。 ・経口摂取による誤嚥性肺炎の予防のため胃ろうとなったが，認知症の進行と「食べられない」ことに対するストレスがあり，自分で食べ物を購入しては食べてしまう。説明するとその場では理解しても，すぐに忘れて食べ物を探しに出掛けるので，引き止めるのに苦慮している。 ・寂しいことと食べ物が欲しいことで，頻繁に近隣宅を訪ねていることがあり，近隣からヘルパーに「何とかならないか」と相談がある。
日常生活とコミュニケーション	〈ADL〉 寝返り・起き上がり・移乗・歩行・入浴：自立 食事：胃ろう（経腸栄養剤注入，1日3回，本人が対応） 着脱：ほぼ自立 排泄：自立 〈コミュニケーション〉 視力：ほとんど見えない。 聴力：大きな声ならば聞こえる。 意思の伝達・決定：時間が分からない，物忘れが激しい，理解力の低下が顕著である（穏やかな性格が，「攻撃的」になっている）。
訪問介護計画	〈本人の意向〉 　ずっと自宅で暮らしたい。 〈援助目標〉 　在宅生活が継続できるように，一緒に掃除，洗濯等を行う。 〈援助内容〉 　その他介助：本人が気管カニューレの洗浄を行う際，声かけや見守りを行う。 〈週間スケジュール〉 |	月	火	水	木	金	土	日
---	---	---	---	---	---	---	---
朝	訪問介護	訪問介護	訪問介護	訪問介護	訪問介護	訪問介護	訪問介護
昼	訪問介護	訪問看護	訪問介護	訪問介護	訪問介護	訪問介護	訪問介護
夕	訪問介護	訪問介護	訪問介護	訪問介護	訪問介護	訪問介護	訪問介護	 〈訪問介護以外の支援・サービス〉 ・ガイドヘルパーと銭湯へ行き，入浴している（火曜・土曜）。 ・医療機関：往診と訪問看護を利用している。 ・地域：民生委員が頻繁に訪問している。

2　支援経過

日時	訪問経過	分析・考察・所感
7月7日	8時すぎ，本人から事務所に電話があり，「ヘルパーが来ない」とのことで，「9時にヘルパーが訪問する」ことを話し了承を得る。	前日に，ヘルパーの訪問時間を伝えていたが，覚えておらず，不安や空腹から電話してきたと思われる。
同日	13時の訪問までに，本人から6回事務所に電話があった。そのつど「13時に訪問する」旨を伝えるが，心配になるのか電話が続いた。 →ヘルパーの訪問時間が分かるように，大きな字で訪問時間を記入した予定表を，電話の前とカレンダーの下に掲示を行う。本人は「これなら読める」とのこと。事務所に電話をする前に，予定表を確認するように説明し了承を得る。次のヘルパーの訪問は，夕方17時であることを伝え辞去する。	視覚障害者用の時計を持っている。時間を聞いた瞬間は分かっても，すぐに分からなくなってしまう。できる限り，自分で確認できる方法を試してみる。
同日	夕方のヘルパーの訪問までに，本人から数回，事業所に電話がある。そのつど，17時にヘルパーが訪問すること，予定表について確認する。 →ヘルパーは決まった時間に訪問するので，それまでは，待ってもらう旨を伝える。	スピーチカニューレを通した声であるため，電話では聞き取りにくい。本人の耳が遠いので，一方通行のコミュニケーションにならないように心掛けた。
7月9日	昼に訪問したところ，来客が手土産に持参したプリンを食べたとのこと。他にもプリンが残っていたので，本人が食べ過ぎないように近隣の民生委員に状況を伝え，預かってもらった。 　夕方に訪問した時にも「菓子を食べた」とのこと。食べ物がカニューレに詰まっていることを本人に確認してもらい，誤嚥を起こす可能性が高いことを伝えた。	
7月10日	昨日プリン等を食べたことを，ヘルパーの方で改めて確認する。 →本人は覚えていないとのこと。	来訪者の方に，本人の状況を理解してもらえるよう，注意

	→口からの飲食は，誤嚥を起こして肺炎になる可能性が高く，医者から禁止されていることを伝えると，その場では納得するが，「口から食べたい」との訴えがあった。 →来客向けに，医者から口からの飲食は禁止されている旨の注意書を掲示した。	が必要。
7月11日	ヘルパー訪問前に，本人から事務所に数回電話があったが，予定どおりの訪問活動を行い，特に問題はない。 　カニューレの先端部分が取り付けられていないので，本人に確認すると，自分で外し，洗面台に置いている容器の中にあるとのこと。以前から，自分でしていることなので，見守りながら，引き続き行ってもらえるようにする。	以前からできていることは，できるだけ継続して，本人に行ってもらえるようにした。
7月14日	本人が自分で，ゼリーを2個買いに行き，1個を食べたとのこと。カニューレにゼリーが付着しており，誤嚥を起こす可能性が考えられる。本人に了承してもらい，1個は回収をする。 　食べ物を買いに行かないようにお願いし了承を得るが，「口から食べたい」との訴えもあり，どこまで理解してもらえているかは不明である。 　仏壇に，灯明，線香があげられている。火の不始末の心配があるので，電池式の灯明，線香に変更することを提案し了承を得る。	医師から経口摂取が禁止されている旨を伝えると，その場では理解できていると思われるが，すぐに忘れて，買物に行っている。根気よく説明を続ける。
7月16日	訪問すると，経腸栄養剤の空パックが捨てられていた。本人に確認したところ「口から飲んだ」とのこと。カニューレにかなり付着しており，口からは飲まないようにお願いした。	
7月18日	先日，提案した電池式の灯明，線香を購入する。本人から「これなら使える」とのこと。早速，自分で仏前にセットしている。	電池式の灯明，線香を引き続き使用しており問題はない。
7月20日	自分で，サラダを買いに行き食べたとのこと。カニューレに食べたものが付いていた。 →ケアマネジャーに連絡 　上記の経過を相談する。買った店に事情を説明し「本人が来ても，食べ物を売らないようにお願いをした」とのこと。	

8月4日	ヘルパーの訪問前に何度も事業所に電話をかけていることについて確認すると、首をかしげて「(かけたことが)分からない」とのこと。 電話をかける前に、ヘルパー訪問の予定表や時間を確認してもらうようにお願いし了承を得る。		予定表を貼り出すことで、電話の回数は減ったが、そのうちに以前と同じ頻度になった。くり返し説明することで、理解が得られると考えたが、難しかった。
8月10日	近隣の方から「よく近隣宅へ行き、うろうろして危ないので、出て行かないように言ってほしい」と言われた。		不安や空腹から、近隣を訪問していたようだが、幸い本人がよい関係を築いていたので、大きな問題にはならなかった。
8月11日	訪問すると寝ており「しんどい」とのこと。顔が紅潮し発熱している様子である。 →サービス提供責任者から主治医に連絡する。40℃近い発熱のため入院となる。		連携できている医療機関があると、体調不良になった時、すぐに対応してもらえるのでよかった。
8月17日	ケアマネジャーから「快方に向かっており、23日に退院予定である。嚥下訓練用のゼリーも不可なので、今後、口からの飲食は一切できない」とのこと。		今回の発熱は、誤嚥による肺炎からのもので、口からの飲食を全面禁止することとなる。
8月26日	自分で経腸栄養剤を2パック出し、1パック飲んでいたとヘルパーから連絡あり。		
9月1日	物置に保管している経腸栄養剤を、本人の手が届かないと思われる冷蔵庫の上に置き換える。		保管場所を変更するが、自宅内では見つけてしまう。
9月2日	冷蔵庫の上の経腸栄養剤の箱がないとヘルパーから連絡あり。 →本人が冷蔵庫の中に入れていた。残数はあっているので、予定通りの注入を本人が行う。		
9月3日	経腸栄養剤の残数があわないので、本人に確認すると、「飲んだ」とのこと。		

> **Q7** 訪問時、利用者が体調不良を訴えたときはどう対応すればいいでしょうか?

第1章 尊厳の保持について考える

9月4日	物置に鍵を取り付けたので，物置に経腸栄養剤を保管するとケアマネジャーから連絡あり。本人に説明し，了解してもらえたが「口から食べて，死んだ方がいい」と，投げやりな様子だったとのこと。	**Q8** 医者より経口摂取が禁じられている利用者が，「口から食べて死んだほうがいい」といった場合どのように寄り添えばいいですか？	最終手段として，保管場所に鍵を設置したが，本人の言葉が辛い。
9月5日	本人がケーキを買ってきていた。食べてはいけない旨を伝え，一部回収したが，仏壇に供えた物は，そのままにした。 →ケアマネジャーから連絡 　訪問すると，本人がケーキを食べていた。「ケーキ屋には売らないようにお願いした」とのこと。		経腸栄養剤を鍵付きの保管場所に変更したことにより自分で，服用できなくなったので，外へ食べ物を買いに行くようになった。
9月7日	コロッケを5個買っていた。3個は回収したが，2個食べていたとヘルパーから連絡あり。		

9月8日	ハンバーグ弁当を食べていた。ハンバーグ1～2口と，付け合わせを全部食べて，白湯を飲んでいたとヘルパーから連絡あり。 →経口摂取が禁止されている旨を伝え「分かった」と言われるが，毎日，自分で買物に行き，何か食べている。こちらで引きとめることは，ほぼ不可能と思われる。 →飲食店に出向き，事情を説明，以後販売をやめてもらうように依頼し了承を得る。	
9月15日	買物に行く範囲が，だんだん広がっていった。	口から食べたいという欲求が強まり，遠くまで買物に行く結果となった。口から食べることを止めることだけを考えると，どうすればよいか分からなくなっていた。

Q7 訪問時，利用者が体調不良を訴えたときはどう対応すればいいでしょうか？

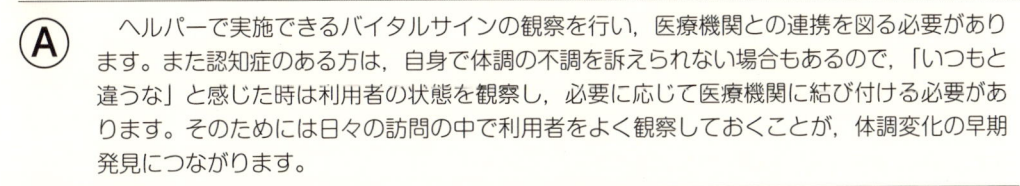

A ヘルパーで実施できるバイタルサインの観察を行い，医療機関との連携を図る必要があります。また認知症のある方は，自身で体調の不調を訴えられない場合もあるので，「いつもと違うな」と感じた時は利用者の状態を観察し，必要に応じて医療機関に結び付ける必要があります。そのためには日々の訪問の中で利用者をよく観察しておくことが，体調変化の早期発見につながります。

Q8 医者より経口摂取が禁じられている利用者が，「口から食べて死んだほうがいい」などといった場合どのように寄り添えばいいですか？

A まずは「口から食べる」という基本的な行為ができない利用者の状況を汲み取り，その辛さに対して共感する姿勢で対応することが望まれます。今回の事例では疾患の関係で経口摂取の希望を叶えられなかった背景がありました。ただし，他の事例の場合では，本人の尊厳を関係者で理解し，望みを少しでも叶えられるような工夫を検討していくことも必要です。

3　担当者の所感及び考察

▨サービス提供責任者より
●苦労したことや留意点など
・コミュニケーションがとりにくく会話が難しい。
・説明しても食べ物を探しに出て行こうとするので，引き止めるのに苦慮した。

●疑問点や不安であったことなど
・食べてはいけないことを理解できないため，本人が買った食べ物を取り上げねばならないことは，本人の気持ちがわかり辛い。
・禁止事項ばかり伝えなくてはならず，本人の望む在宅生活を支援できているのかという悩みが常にあった。
・本人の望む生活に近づけたいという思いがある半面，命を預かっているという厳しさから，援助の目標を失いがちだった。

●うまくいったことなど
・医療機関との連携が取れていたので，問題が起こっても，すぐに対応してもらえ安心できた。

▨ヘルパーより
●苦労したことや留意点など
・認知症がある独居の方の支援は難しい。事業者と地域と行政を組み入れたものにしていく必要がある。
・いろいろ問題を抱えているが，ヘルパー援助中は「本人に笑顔でいてほしい」という思いであった。

●疑問点や不安であったことなど
・「本人に振り回された」と思われたが，ヘルパーの関わりが，本人の生活を拘束してしまったのではないかとも思えてしまう。
・本人にとって何が幸せなのかを考え，悩みながら援助してきた。
・本人を理解しコミュニケーションをとるために，同じヘルパーでの担当回数を多くした方がよかったかもしれない。もっと本人の状況を理解できれば，違う対応方法を考えられたかもしれない。
・「外出しないように」と本人が出て行こうとすると止めるばかりだったが，近隣を周る程度，本人とヘルパーが一緒に外出できれば，本人の気持ちは，もっと穏やかになれたのではないかと考える。

4　事例のまとめ

　本人は，嚥下障害により肺炎になりやすいため，胃ろうによる栄養補給をしており，食べ物の経口摂取を医師から止められています。しかし，本人は認知症のため口から食べてはいけないということの理解ができない状態にあります。本人は，視覚障害者で目がほとんど見えず，耳も大きな声でなければ聞こえづらいという状態で，もしかすると日常生活で一番の楽しみは「食べること」なのではないかと思われます。

　利用者がしたいことを制止しなければならない状況下でのヘルパー業務は相当つらいものであると想像に難くありません。このケースにおいては，ヘルパーの業務の目的が半ば「本人が口から食べないか」を監視することになっています。担当ヘルパーは，本人が「口から食べている（飲んでいる）」現状に気づいたら，サービス提供責任者を通じてケアマネジャーに報告する。そしてそれを受けて，この利用者が口から食べられない環境をさらに強化するというパターンになっており，それに合わせ本人は外出の範囲を広げ，口から食べる機会を探るということを繰り返しています。ヘルパーとしては，利用者に喜んでいただきたいと思っていても，やっていることは楽しみを奪うことであり，逆のことをしているのではと罪悪感さえ覚えることがあったようです。

　本人に食べる以外での，生活意欲を見出すもの（楽しみ）があれば方針が見えてくるのですが，なかなかみいだせないままに入院になったことで，担当ヘルパーは中途半端な気持ちになり，残念だったのではないでしょうか。

　本人の意向を尊重しなければならない業務であるにもかかわらず，本人がしたいことを実現するのではなく，利用者が嫌がることを働きかけるわけですから，大変つらい業務です。ヘルパーとしてできることは，普通の人にとってはごく当たり前の口から食べ物をとれないことが，利用者にとってはつらいだろうと，共感的にうなずいたり，声かけすることのみで，耐えることの方が多かったと思われます。口から食べられないというのは，医師からの指示であり，ある意味治療であり療養でもあるという観点で見ていく必要があると思います。そうしなければ命が危うくなります。

　認知症の利用者の場合，理解ができないため本人のつらさ，戸惑いは相当なものだったと思います。本人がわからないままに，一見するとヘルパー側の意向に仕向けるような業務をしなければならないことが，認知症ケアにはでてきます。このようなケアのパターンの場合，基本はサービス担当者同士がチームでできれば頻繁に相互の役割確認や現状認識の共有・意見交換が大切です。

5 拒否への対応

――なぜゴミを捨てるのか,少しずつその理由を理解していく

1 ケース概要

事例の概要	女性,81歳。 　認知症による被害妄想があり,ヘルパーの買物介助の際に「ヘルパーがお金を持ったまま帰宅しない」と言われたり,「自分でできている」という思いからヘルパーの訪問を受け入れてもらえず,訪問を拒否されたりする。 　ゴミ出しに対する「こだわり」があり,指定日以外に近隣宅前や排水溝にゴミを捨てるため,関係者間で連携をとりながら支援を進めている。
家族状況	〈ジェノグラム〉　〈家族構成〉 　　　　　　　　　独居。2人の娘は結婚し,他県に在住している。それぞれが遠方のため,訪問することは難しい。
生活歴等	「しっかり者の妻」であったが10年程前に物忘れの症状が現れた。夫婦で協力しながら生活を送っていたが,夫が他界し独居となる。 経済状況:年金 住宅状況:一戸建て
心身の状況	認知症自立度　Ⅱb／寝たきり老人自立度　J2／要介護　2 〈主な病歴・疾患など〉 ・骨粗鬆症,腎臓疾患 ・アルツハイマー型認知症（数年前に受診して判明） 〈服薬状況など〉 　月に1回内科受診している（家族が通院に付き添う）。 〈中核症状・行動・心理症状〉 ・指定日以外に近隣宅前や隣家の排水溝にゴミを捨てるため,近所から相談を受けることがある。 ・「自分は何でも1人でできる」と思っており,ヘルパーの援助に対して拒否がある。 ・以前デイサービスを利用していたが,数回で拒否し中止した。

日常生活とコミュニケーション	〈ADL〉 寝返り・起き上がり・移乗・歩行：自立 入浴：本人は「毎日，自分で入っている」と言うが入浴した形跡はない。 食事：昼食はヘルパーが購入した弁当を食べる。夕食は配食弁当を利用。 着脱：自分では「着替えた」と言うが着替えた形跡がない。ヘルパーの声かけで着替えることもあるが拒否することが多い。 排泄：便失禁がある。自分でトイレに行くが，便器周辺に便が付着していることがある。 〈コミュニケーション〉 視力・聴力：問題なし 意思の伝達・決定：同じ話を何度もくり返している。
訪問介護計画	〈本人の意向〉 「自分のことはなるべく自分でしたいと思っている。年寄り扱いはしないでほしい。在宅での生活を継続したい」と思っている。 〈家族の意向〉 通院や細かな用事など，そのつど対応したいと思うが，日々の生活はなかなか支援できないので，訪問介護を利用し本人の生活を支えてほしい。 〈援助目標〉 本人が安心して生活できるように支援する。 〈援助内容〉 買物：昼食用の弁当や飲み物，果物等をスーパーにて購入する。 調理：購入した惣菜を盛り付け，一品程の簡単な調理を行う。 掃除：ゴミ出し。室内の掃除機かけなど，本人のできないことを一緒に行う。 衣類着脱介助：必要に応じて，着替えの声かけや介助を行う。 〈週間スケジュール〉

	月	火	水	木	金	土	日
午前	訪問介護	訪問介護	訪問介護	訪問介護	訪問介護		
午後							

〈訪問介護以外の支援・サービス〉
・配食サービス：夕食（毎日）
・医療機関：月に1回，長女が通院介助をしている。
・家族親類：長女がキーパーソンで，お盆，正月などに一緒に外出している。
・地域：近隣の方が，本人が指定日以外に出したゴミを預かり，出してくれる。

2　支援経過

日時	訪問経過	分析・考察・所感
3月までの経緯	ヘルパーが帰ろうとすると，ゴミの入っている袋や牛乳パックを「持って帰って」と渡そうとする。ヘルパーが「次の訪問活動があるので持ち帰れない」と説明するが，辞去後100mほど離れた橋の向こう側やマンションのゴミ置き場に捨てている本人の姿を発見する。 　洋服に付着便があり，ヘルパーが着替えを探そうとすると怒る。季節が変わっても同じ服を着ている。 　入浴について尋ねると「自分で毎日入っている」と話す。 　ゴミを捨てる場所についてヘルパーが注意すると「私は市から許可をもらっている」と取りあわない。 →上記を長女に伝えると「本人がゴミを出す日を正確に答えるので，きちんとしているはずだという認識を持っている」と。	家族にも現状を理解してもらえるよう継続的な働きかけが必要であるため，チェック表を作り，本人の様子やヘルパーの行ったことなどを記入，確認してもらえるようお願いする。
3月25日	月曜日夕方の訪問活動時に買物へ行くため，本人にお金を預かろうとするが「先ほど来たヘルパーが1050円持って買物に行ったきり帰ってこない」と話し，お金を渡さない。「娘が来ているので帰って」と援助途中でヘルパーを帰そうとすることが増えている。	配食の月曜日のみ時間帯が異なり混乱しているのではないかと感じる。他の曜日同様，ヘルパー訪問時間を午前中に統一し，配食を夕方に統一してもらえないかケアマネジャーに相談する。
3月30日	長女と通院したMRI検査の結果，かなり認知症が進んでいると診断され，この日からアリセプトが処方される。また主治医から「デイサービスを利用してはどうか」との助言がある。 　長女からは「今まで本人の性格だと思っていたが認知症だった。デイサービスを手配してもらいたい（たぶん行かないと思うが…）。何か対策を考えてほしい」とヘルパーに相談がある。 **Q9** 利用者が認知症だとわかってショックをうけている家族に，どう対応すればいいですか？	ケアマネジャーの働きかけで受けた認知症の検査結果を見て，家族は認知症であることを認めた。大変ショックを受けているようなので，家族に対するフォローも行いながら対策を検討する。

第1章　尊厳の保持について考える

4月28日	認知症対応型のデイサービスの初回利用となり，長女も訪問する。デイサービスの送迎車が到着するが，送迎車に書かれた「〇〇病院」（医療系のデイサービス）の文字を見て「私はどこも悪くない」「病院には行かない」と拒否する。長女とケアマネジャーで説得するがうまくいかず，長女が「もういい」とデイサービス利用を断念した。	本人は，漢字などをしっかりと理解できるため「危うく病院に連れて行かれるところだった」と話していた。 サービス提供責任者からケアマネジャーと相談し，援助内容に服薬の促しを追加し「ヘルパーさんの渡すお薬を飲んでください」と書いた紙を貼り，口頭で本人に説明する。
5月2日	ヘルパーから連絡。買物から帰宅すると，本人が便まみれになってベッドに座っていた。シーツにも便が付着している。全身清拭をして，衣服を交換する。本人は拒否するが，なんとか対応できた。	トイレには自分で行くが，便失禁が増える。失敗のうしろめたさからか「あんたが汚した」とヘルパーのせいにすることが増える。 →<u>本人のプライドを傷つけないよう声のかけ方に気をつけて援助する。</u>
6月4日	毎日の訪問となり日曜日に訪問すると，本人が訪問を拒否し鍵をかけて寝ていた。「今日は自分でご飯を食べたり，お茶を飲んでゆっくりしたい」と。薬について尋ねると「飲んだ」と答え拒否がある。 →ケアマネジャーに連絡，「薬はできるだけ飲んでほしいが，どうしても拒否されるなら仕方がない」とのこと。家族に報告する。 →ケアマネジャー，家族と相談する。家族対応は不可なので訪問継続の希望がある。本人が訪問を拒否した時のために，合鍵を玄関前に設置し本人が拒否しても訪問できるようにする。	この時期から訪問拒否が増え始める。日曜日の訪問であったが本人は新聞を見て何日の何曜日かを確認している。今まで訪問のなかった土曜・日曜は「ゆっくり休みたい」という気持ちがあるのではないかと考えられる。

Q10 失禁を隠そうとする利用者のプライドを傷つけない声かけがしたいのですが，何を心がければいいでしょうか？

7月3日	訪問時，新聞の休刊日だったため，本人が「今日は何日か」を理解できず，買物に行かせてもらえない。 →長女に連絡したところ，「デジタル時計の日付を見せて本人を納得させてほしい」と言われる。昼の配食配達時間になっても弁当が届かないことで，ようやく「ヘルパーが買物に行く日」だと納得し，お金を渡してもらえた。		本人が新聞や時計で日時を確認していることが明らかになる。本日は，いつも配食サービスの日に訪問するヘルパーが代わりに訪問したので，勘違い（ヘルパーの顔を認識している）したのではないかとも考えられるため，代わりに訪問したことを最初に説明する必要があると感じる。
7月12日	配食サービスの配達員から報告。「本日，夕食の弁当を配達したが，いつもの場所に鍵がない。電話をかけたり，インターホン（基本的に出ることはない）を鳴らしたり，時間を変えて訪問したりしても鍵が閉まっている」とのこと。 →長女に連絡したところ，「弁当が来る時間をみて（本人が）扉を開けているが，開けていないのは本人が拒否しているとしか考えられない」「仕方がない」とのことであった。後日，合鍵は，外から取り出せるようにしていた紐を本人がハサミで切っていたことが判明したので，後日家族が簡単に切れないようにチェーンをつけた。		本人が「自分で施錠した」という認識があることが分かる。「自分が鍵を閉めたのに，何で中に入ってくるの」と不審に思った結果，合鍵を見つけて隠したようである。 訪問活動に必要なので引き続き合鍵の使用を継続する。本人へは「明日も来るので，鍵を開けておいてください」と声かけをするよう心がける。
7月16日	ヘルパーが本人の弁当を買いに行くため，本人からお金を預かろうとするが「もう食べた，お金ない」とお金をもらえない。何度お願いしても無理なので果物やパンなどいくらかは食べる物があることを確認して辞去する。		

7月24日	本日は生ゴミを出す日で，ヘルパーの訪問までに本人が所定の場所に出している。トイレに便が付着している。下着にも便がついたのか，自分で洗っているようだが，ほとんど汚れが取れず，濡れたまま干されている。 「汗をかいた」というので，声かけをして清拭を行う。背中と首は自分で拭ける。長女から「訪問するとトイレが便で汚れている」「ヘルパーは掃除しているのか」と質問がある。 →毎日掃除していることを伝える。ヘルパー辞去後に本人が汚している様子。ベッドや食卓椅子などあちこちに便の付着が見られる。	訪問活動時は，トイレや室内の様子を確認，チェック表に記入することで家族へ様子を伝える。 ただ，訪問活動中に排泄の様子を確認することは難しい。どのようにして汚れるのかは不明である。
7月30日	これまでから，何度か入浴やシャワーの声掛けをするが「毎日入っている」「さっき入った」と拒否されることが多かった。本日も最初は拒否があったが，突然「入る」と服を脱ぎ浴室へ行く。本人の気持ちが変わるといけないので，ヘルパーも浴室へ行く。洗顔し，足など自分で洗った後，背中などの洗身をヘルパーが手伝う。入浴後も穏やかに過ごしていた。	サービス提供者から長女に報告すると「入浴できたことを喜び，感謝している」とのこと。引き続き，入浴の声かけを続けてもらうことにする。
8月12日	ヘルパーが訪問すると次女家族が訪問している。孫の名前を呼び，握手をしていた。清拭をしようとすると，「次女家族の姿が見えなくなる」とヘルパーの両腕をたたき拒否されるので，できる範囲で対応する。 ヘルパーが帰ろうとすると，玄関まで見送り「また来てください」「来ないと困るので待っています」「ありがとうございました」とお辞儀をしていた。	以前から「ヘルパーがお金を持ったまま買物から帰らない」と話すことがたびたびあり，お金を預かるのに時間がかかったが，最近は「お金はない」と渡してもらえない日が増えていた。 サービス提供責任者が「お金は娘さんからお預かりしました。おつりを息子さんに返します」と伝え，メモを貼り付けたことで混乱なく買

			物ができるようになった。
8月14日	昨日から本人宅に泊まっている次女の声かけで，入浴できた様子。次女たちがいるためか，いつもは大音量のテレビの音が小さくなっていた。静かに落ち着いて過ごしている。		次女家族が1週間滞在しているので，だんだん落ち着いてきている。入浴が習慣になるとよいと思われる。
8月16日	次女から連絡。今朝，家族が起床すると洗濯機の上に便が置かれていた。本人が自分で下着を洗っていたが，ほとんど汚れが取れず，濡れたままベッド柵に干されていた。その後，家族が隠れて本人の様子を見ていると，トイレでの排泄後に下着を下げたままベッドに座り着替えていたと連絡がある。家族は「ここまでできなくなっていたとは……」と驚き，夕方のヘルパーの増回の希望がある。		次女の報告で，部屋のあちこちに便が付着している理由が判明する。家族は「このままでは家中が便だらけになるから」と排泄介助などで午後からのヘルパー訪問の増回希望がある。 →本人の受入れの様子を見ながら少しずつ対応を始める。
9月20日	以前から指定日以外にゴミを出したり，他のマンションの前や隣家の排水溝に捨てることが続き，苦情があったが，本人の行動範囲が狭くなったのか，同じ置き場に頻回に出るようになり近隣の人から「もう我慢ができない」と連絡がある。地域包括支援センターにて，長女，近所の人，ケアマネジャー，サービス提供責任者とカンファレンスを行う。 〈ケアカンファレンス〉 　近隣の方から本人のゴミの出し方について「指定のゴミ袋に入れず，カラス除けネットの上に配食弁当のゴミを置くので，ネコやカラスが来て困っている」と相談があり，関係者間で協議を行う。 近隣から：いつゴミが出されるか気になって，外出もできなくなっている。		近隣の人にゴミ捨て時間を確認（その時間に合わせ増回を検討）するとともに，現在ヘルパーが援助している時間帯にも本人が出したゴミを持ってきてもらうことになった。

第1章　尊厳の保持について考える　45

	長女から：福祉サービスの方で何とか対策を考えてほしい。家族の支援にも限界がある。今後施設入所についても検討したい。 地域包括支援センターから：認知症対応型のデイサービスを試してみてはどうか。 →結論 ・再度，デイサービスを試してみる。 ・家のゴミ箱の中にゴミが少しでもあると本人が捨てにいくので，ヘルパー訪問時に家中のゴミを集め，裏庭に設置したゴミ箱に捨てる。 ・近隣に，本人がゴミを捨てる時間を確認してもらい，その時間にヘルパー訪問の増回を検討する。	
10月10日	ヘルパーから報告があった。近隣がゴミの件で本人宅に来たが，本人が内側から鍵をかけてしまった。状況を事務所に報告している最中「ヘルパーに告げ口をされた」と思ったのか，本人は不機嫌になり，ヘルパーの背中をたたいた。 **Q11** 利用者の行為への対応の指示を仰ぐために事務所に連絡中，告げ口されていると誤解され，利用者にたたかれました。どう対応すればたたくという行為を防止できたのでしょうか？	ゴミの件は「決められた通りに出している」「近所の人とも仲良くしている」と，ヘルパーが何も聞かないうちから話す。
10月30日	ケアマネジャーから連絡あり。近隣の方から「本人がゴミを出す時間は夕方17時頃が一番多いとの報告があった」とのこと。夕方に毎日30〜45分程度でゴミ出し，排泄の確認等で援助を増回してもらいたいと。	11月から，ゴミ出しを中心に訪問増回をすることとなった。

Q9 利用者が認知症だとわかってショックをうけている家族に、どう対応すればいいですか？

A 　家族に対しては、認知症の正しい理解とショックのプロセスを踏まえたアプローチが大切となります。特に認知症を受容しているかの見極めが必要となります（「第4章のまとめ」138頁参考）。また、家族によっては、それまでの家族の本人に対する関わりが悪かったのではないかと自らを責める場合、治らないと絶望的な気持ちになる場合もあります。ケアマネジャーやヘルパー、看護師等支援する専門職が多数おり、利用できるサービスがあることを具体的に伝えることも大切になります。

Q10 失禁を隠そうとする利用者のプライドを傷つけない声かけがしたいのですが、何を心がければいいでしょうか？

A 　「自分でトイレはできる」というプライドを尊重することが大切になります。本人に失禁を指摘し責め立てたり、オムツを安易にすすめたりすることは決してせず、まずは本人に気づかれないように下着を洗っておきます。そして、「トイレに行きましょうか」と何度も声をかけるようにしましょう。失禁が多くなれば、本人が下着を隠す場合もあります。衛生上の問題も出てくるので、隠しそうな場所を時折チェックするようにし、見つかったら何も言わず片づけましょう。

Q11 利用者の行為への対応の指示を仰ぐために事務所に連絡中、告げ口されていると誤解され、利用者にたたかれました。どう対応すればたたくという行為を防止できたのでしょうか？

A 　この場合、利用者にとっては自分のことが告げ口され、自分の立場が不利になったり、良くない状況になるのではと考えた上での、目的に適った行動であったり、場合によっては不適切なケアに対する当然の反応だったりします。ヘルパーが事務所と連絡を取り合うことについて、本人への合理的な説明をして了解をとるか、本人にわからない環境での連絡にするかが考えられると思います。

3　担当者の所感及び考察

▰サービス提供責任者より

●苦労したことや留意点など

・本人は「全て自分でできている」という思いが強く，ヘルパーの訪問の目的を理解できず「帰ってほしい」と拒否があった。
・コミュニケーションを取りながら援助を進めるように努めたが，話をしても聞いてもらえないことがあった。
・「本人が認知症を発症していることを認めたくない」という思いが家族にあり，本人の生活実態を報告し支援の必要性を相談しても，共通理解を得ることが難しかった。
・サービス提供責任者として，できるだけ本人の気持ちを理解し，ヘルパーとともに本人の気持ちに共感しながら援助を進めていく努力をした。

●うまくいったことなど

・当初買物に必要なお金は，本人から預かっていたが，途中から家族と相談して，家族が管理することにした。本人に混乱が出てくるのではないかと心配だったが，自分の財布からお金を出さなくなったせいか，スムーズに移行することができた。
・ゴミの量を減らすために，弁当を食器に移し替えて出すように検討した。器で食べることを拒否される可能性があったが，うまく食べてもらえ，ゴミを減らすことができた。

●その他
・本人のゴミ出しに対するこだわりが強く，何か思いがあるようにも感じる。いつか自分の思いを話してもらえる機会が訪れないかと思っている。
・本人はなかなか自分の思いを口にすることがないが，突然思い立ったように行動を起こすことがある。援助者はそのサインを見逃さず，状況に応じて対応しなければいけないと思っている。
・ヘルパーが，入浴した本人の髪型を整えるという対応を行うことで，スムーズなコミュニケーションが図れたことがあった。本人の心の琴線に触れ，ヘルパーと本人の間で何かが奏でられたのではないかと思われる。こうした機会に恵まれることを信じて援助を続けていきたい。

ヘルパーより
●苦労したことや留意点など
・本人は，ゴミ出しに対するこだわりが強く，「持って帰って」と言われることがたびたびある。説明して断っても理解を得られず，本人は結局自宅のゴミ箱に捨てていた。訪問活動中に近所からの訴えを聞くことも多く，そのたびに援助を中断しなければならなかった。
・向いの家の前へのゴミ出しは1日に何度もあり，そのつど，ヘルパーは向いの家からゴミを預かり持ち帰り，本人宅のゴミ箱に捨てている。何度ゴミ箱に入れても捨てに行くので，長女にゴミ箱に鍵をつけてもらったら，今度はゴミ箱ごと捨ててしまったこと。
●疑問点や不安であったことなど
・本人に見つからないようにゴミを片付けても，ヘルパーの辞去後にゴミを見つけて捨てに行かないか，訪問の後は毎回心配していた。
●うまくいったことなど
・1度だけ，ヘルパーの声かけで入浴できたことがあった。「お風呂に入りましょうか」と声をかけると「うん」と言い，突然その場で服を脱ぎ始めた。本人の気が変わらないうちに浴室へついて行き，「電気はどこですか」「お湯はどうして出しますか」「シャンプーはこれでいいですか」と本人が主体になるよう声かけをした。洗髪する時に背中を丸め，耳を押さえて小さくなっている本人の姿は今も目に焼き付いている。
・入浴後は「すっきりした」とヘルパーに言い，ヘルパーも同じようにすっきりした気持ちになった。
・今後も引き続き声かけを行い，1度でも多く入浴の機会をつくっていきたいが，この奇跡のようなことはその後，起きていない。でも，この「奇跡」がまた起こるかもしれない，それが今日かもしれないと思って訪問することがヘルパーのやりがいや原動力になっている。

●その他
・本人のプライドを傷つけないように，便が付着している便器の掃除や汚れている下着の洗濯は，本人が見ていない時に行うよう心掛けている。
・「私は話すのが好きなので，人が来るとうれしい」と言われ「ありがとう」「また来週も来ます」と答えると，「また来て」と喜んでヘルパーを見ることがあった。
・普段は意思疎通が難しいため，援助が進まず時間がないことに対する焦りもあったが，時折，見せる本人の優しい言葉や笑顔で「また来よう」「今日はどんな顔を見せられるのだろう」と思えた。

ひもときシートから実際の事例を分析する

「⑤拒否への対応」をひもとき

STEP1　評価的理解（援助者として感じている課題を，援助者の視点で評価）

「指定日以外に近隣宅前や排水溝にゴミを捨てるので苦情がある」や，「お金がない」「食事はすませた」や衣類の着替えや保清に対して「自分はできている」と本人が考えているため援助が進まないなど，援助者が困っている背景が書き出されています。

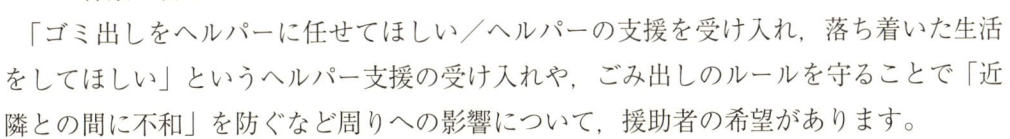

「ゴミ出しをヘルパーに任せてほしい／ヘルパーの支援を受け入れ，落ち着いた生活をしてほしい」というヘルパー支援の受け入れや，ごみ出しのルールを守ることで「近隣との間に不和」を防ぐなど周りへの影響について，援助者の希望があります。

具体策として，「本人の自尊心を傷つけないような声掛け」や「ヘルパーが訪問中にゴミを集め，本人に見つからないように裏庭に設置したゴミ箱に捨てる」など実現可能と考えられる方法を挙げています。

STEP2　分析的理解（思考展開エリア）

ゴミの入った袋や牛乳パックを「持って帰って」とヘルパーに渡そうとする行動と訴えを8つの視点からひもといてみましょう。

1），2）では「ヘルパーによる服薬の促しに拒否があり，服薬の管理ができていない」ため服用量や回数，副作用の有無が不明であり，「排泄・睡眠・水分補給」も状況が未把握です。そのため「持って帰って」という行動や言動の要因になっているかどうか，情報の収集が必要です。4），6）の「夕方17時頃にゴミを出すこと」や「新聞や時計で日付や時刻を確認できている」ことから本人の中での「定時に」ゴミ出しができているともいえそうです。「ゴミが目の前にあると落ち着かなくなる」のは，3）のもともと「潔癖症」や「しっかり者で几帳面な性格」であることを踏まえると，「こまめにゴミを持ち帰ってもらい清潔にしたい」という気持ちの表れかもしれません。5）では「支援者との関わり」や「家族の訪問」「近隣の方によるゴミ回収」など，周りとの関わりが確認できます。7），8）でも「しっかり者」が出てきます。現状は「認知症により適切に家事が行えていない」ですが，本人は「頭がよく，しっかり者の妻」として「自分ではできている」と考えていることを援助者がうまく受容できれば，関わり方も変わってくる可能性があります。

STEP3　共感的理解

本人の立場で「周りからいろいろと指示をされたくない」や「こまめにゴミを出しているのに諭される」ことを考えると，「自分はこまめにゴミを出して，きれいにしてい

る『しっかり者』なのに，なぜ指示されるのか」という思いがあるかもしれません。「潔癖症」といえるほど，こまめにゴミを出してきれいにしたい思いをくみ取ることで，Fの課題解決に向かいます。本人の元来の性格や思いを受容し，共感することで「ヘルパーと一緒にゴミを片づけ」たり，「本人ができる範囲の動作をヘルパーが見守る」などを挙げています。

ひもときシート

A 課題の整理Ⅰ あなた(援助者)が感じている課題
事例において課題に対して、あなた自身が困っていること、負担に感じていることを具体的に書いてください。
- 指定日以外に日常生活の前に排水溝にゴミを捨てるので起きからも苦情が出ている。
- ヘルパーが日常に不要なメニューを説明しても、ゴミを持ち帰るよう主張をしてもらえない。
- 入浴、着替の介助を受け入れない。
- 買物介助で行っても「お金がない」「食事はまにとし」と援助としての介助を拒否したり、衣類の着脱や保清を受けず、自分でできる介護箱に拒否して清潔が進まない。
- 薬を拒否して服用しても飲んでいない。

B 課題の整理Ⅱ あなた(援助者)が考える対応方法
1) あなたは本人にどんな風に取り組んでほしそうだと考えていますか？あるいは、取り組んでほしいですか。
- 決められた場所にゴミを捨てつけないように声かけを行いながら、近隣との間に不調が出ないように、すぐに外に出してしまうゴミがあっても、訪問時間はゴミをヘルパーに任せてもらえないか。
- 配食弁当のゴミが出ないように容器に盛り付けて捨てる。
- ヘルパーの支援を受け入れ、落ち着いた生活をしてほしい。
- 入浴や着替えに応じて、スムーズに援助をしてほしい。
- 薬を拒否せずに飲んでほしい。

2) そのために、当面本人にどのようなことに取り組んでいこうと考えていますか？あるいは、取り組んでほしいと考えていますか。
- 本人が関心を聞き出しいように声かけを行いながら、通院ででゴミ出しを行う。ゴミ対策としていくまで、家の中にゴミがあると、すぐに外に出してしまうので、訪問時間はゴミをヘルパーに任せていくためまとめておく。
- 配食弁当のゴミが付きが気いように、本人に見てからないように裏室に設置しエプロン箱に捨てる。

1) 病気の影響や、既往歴、現症、不眠、空腹等の不調による影響を考えてみましょう。
- 慢性疾患やメニエル病の既往歴があり、2年前からアルツハイマー型認知症と診断された。アリセプト服用中だが、ヘルパーが服薬の促しをしても、拒否されることがある。
- 日常生活自立度Ⅱa/Ⅱbである。
- 服薬管理を拒否し鍵をかけてもらえない。
- 室内に持ち帰ると、副作用の有無については不明である。

2) 身体的痛み、疲労、不眠・不調・空腹等の不調による影響を考えてみましょう。
- 昼食、夕食摂れていない。
- 同じ質問を何度もくり返す。
- ヘルパーの介助で1回付けた入浴の促しをしたが、メニエル病のよる、めまいを訴えがあるかもしれない。
- 便秘がある、年齢相応ではない。
- 独居のためか食事の把握をしていない(便意があるのかどうか、移動に時間にかかわるのか不明)。
- 睡眠はとれているかどうか不明である。
- 水分補給はできているか不明である。

3) 悩み・怒り・繰り返し等などの精神的な苦痛や性格の心理状態や背景にある葛藤を考えてみましょう。
- 家事は自分のペースで行いたい。周りから少し手出しや指示をされたくない。
- 困っているは自覚でき訴えもしない。
- 確認のしっかりした性格。
- もともとしっかりした者で几帳面な性格であると思われる。

C 課題に関連しそうな本人の言葉や行動を書き出してみましょう
あなたが関わっている場合(Aに記載した内容)、本人が口にしている言葉、表情やしぐさ、行動等を書き出してみてください。
- ヘルパーが持ちかけている袋の中を見ようとする。
- ゴミが好きだから、ゴミこの人からゴミの袋を奪おうとすることがある。
- 乳飲んだ空ゴミを「持って帰って」と返そうとする。

4) 音・光・味・におい・香等の環境の五感への刺激や、苦痛を与える環境について、考えてみましょう。
- 部屋の模様が変わっても毎日同じ服に限り着ている。
- 室温と室内の湿度・換気・衣類を着用している。
- 夏場も汗をかしまい。
- 本物の様に置かれているのもしれない。
- ゴミのとは非常ただ衝動で置くこととするのかもしれない。

5) 家族や関係者の方など、周囲の人の関わり方や態度による影響を考えてみましょう。
- 地域包括支援センター、ケアマネジャー、ヘルパーなどによる支援関係者の関わりがある。
- 長女・他家族在住、時折訪問している。
- 次女・他家族在住、お盆、正月には訪問している。
- 孫はしばらくしてから訪問していない。
- 家事をけしている妹が入所後は独居である。
- ゴミ出しをしている時などゴミを出すと若い情がある。本人はそれ思い、ゴミを出す時は、近所の方が回収していてヘルパーが回収に行く。

6) 住まい・習慣・物品等の物的な環境により生じる心地の悪さや形響について考えてみましょう。
- 一戸建ての住宅に住んでいる。
- 新聞広告は日々付付けてきている。
- ゴミ出す時目の前にあると落ち着きがなくなる。

7) 要望・障害程度・能力の違いにより生じる活動とのズレについて考えてみましょう。
- 昔は本や家事をこなす「しっかり者」であったが、軽度認知症の発症により適切に家事が行えていない。
- 自分のペースの乱れを確認できていない。
- アイヤーサービスは物品利用した内容が行えていない。
- 足腰もしっかりしており、ゴミを持ち上げることができる。

8) 生活歴・習慣・なじみのある暮らしを、現状とのズレについて考えてみましょう。
- 自分のペースで生活したいのに、毎日ヘルパーが訪問してくることに関心していないことが、全くできていない。
- 結婚後、2人の子ども育てしていた。
- かつ自分の専業主婦に、しっかりとした認知症の発症によって、15年ほど前には孤独な世界に居場所は減少している。
- 代わりに家事を行い代わって最ぎていく。
- 4人家族の時にあると、ゴミの量は減っている。

D 課題の背景や原因を整理してみましょう
思考展開エリアに記入した内容を使って、この課題がっている背景や原因を本人の立場から考えてみましょう。
- 家事は自分のペースで行いたい。周りから少し手出しや指示をされたくない。
- 困っていることを自覚をしていない。
- ゴミの出しに対してもゴミがあることを気にしていない。

E Aの立場から考えた課題を本人の立場からのもの書き換えてみましょう
Dに書いた課題の整理を、あなたが困っていること、悩んでいることが本人自身の困りごと・悩みとして求められていることには、どのような仕方ができるとよいのだと思いますか。
- 身の回りにあるものを片付けたい。
- 自分を付けくたいところとゴミがあることを気にしたくない。

F 本人にとっての課題解決に向けて支援そうなこと、ちといくことを書いてみましょう
このワークシートを通じて気付いた本人の気持ちにそうような今できそうことや試せそうなこと、改善の度合の実情態認が必要になってくること等をもとに、援助者の思考展開を行います。
- ゴミ出しをできるので、できるだけヘルパーと一緒に行う。ゴミをため込み確認を行う。
- ゴミを減らす工夫を考えてもらう。本人ができることが増やしていく。
- 本人主体的なヘルパーが見守りがで、時折観連の関連も行う。
- 本人も出すタイミング、お風呂に入っていることを確認する。
- 根薬の管理を行う。

STEP1 評価的理解
援助者として感じている課題を、まずはあなたの視点で評価します。

STEP2 分析的理解 根本的な課題解決に向けて、多面的な事実の確認や情報を整理します。

STEP3 共感的理解 本人の視点から課題解決を考えられるように、援助者の思考展開を行います。

第1章 尊厳の保持について考える 53

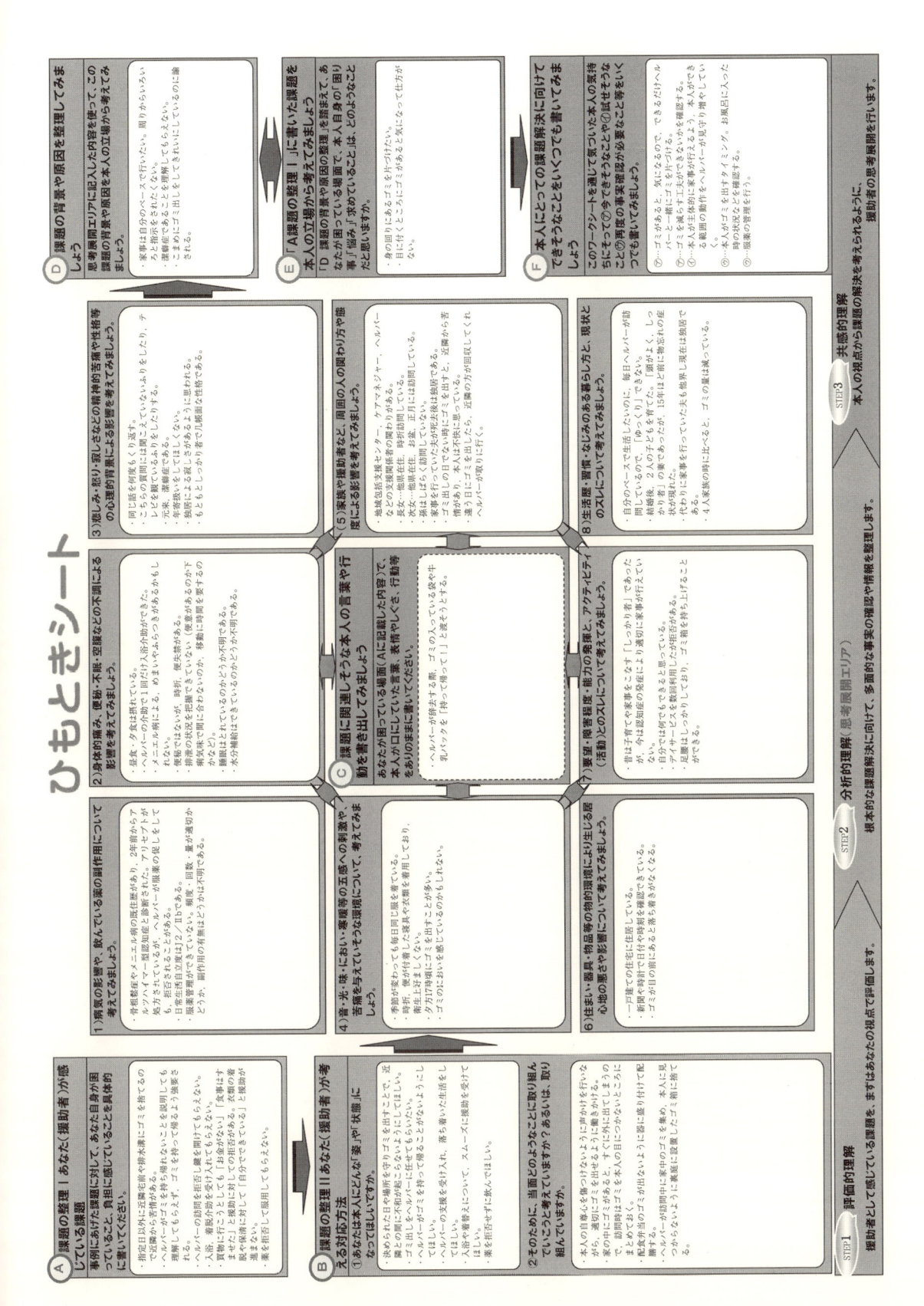

第1章のまとめ

　介護保険法では，第1条で要介護者の尊厳の保持を規定しています。要介護者がどのような状況であっても，人としての尊厳の原則に沿って，あらゆる介護サービスが提供されるべきであるということを明記しています。

　認知症の利用者の尊厳を支え守るためには，認知症は，全ての人が発症する可能性を有する老いのリスクであると考えることが基本となります。また，誰が発症しても安心できるようにしておく方法の一つとして，地域の人々の理解と協力が必要です。

　「①自分でできる」「②本人の意向」のように一人で何でもできていると考える利用者に対する援助は，ヘルパーの訪問に対する拒否があることが少なくありません。最初に「なぜヘルパーが来るのか」ということを利用者に理解してもらおうとすると，さらに拒否が強くなることがあります。今，目の前にいる利用者だけでなくこれまでの利用者を理解しようとすることが，利用者との信頼関係の構築のためには効果的です。利用者の自尊心を尊重するために，これまで利用者が生きてきた価値を認めることで，利用者の考え方やこだわり，性格の理解ができ，状況に応じた声かけや傾聴ができるのではないでしょうか。

　「③服薬管理」も同様に，利用者の自尊心を傷つけないような声かけがポイントに挙がっています。耳が聞こえにくい要因も含めこれまでの利用者を理解した対応として利用者に教えていただく姿勢を伝えることで，拒否感が和らぐ結果となっています。

　「④口から食べたい」での利用者の思いは切実です。一方で口から食べてはいけないことをくり返し伝える援助者の辛さも理解できます。利用者の尊厳の保持を考える時，利用者の生命に関わるリスクと利用者の思いが相反する状況は多くあります。こうした場合，どのように利用者の思いを受け止め共感し，寄り添うことができるのかを念頭に，医療と連携を図りながら援助目標を確認していくことが，我々福祉職に求められます。

　「⑤拒否への対応」では，地域からの訴えを受け止め媒介者となりながら情報共有を図り，利用者の自尊心を尊重した援助につなげています。特にゴミの捨て方に対する利用者の思いを「執着」ととらえるのか，「こだわり」ととらえるのかによって，援助者の対応は全く異なってきます。

第2章

周辺症状について考える

　認知症には，必ず見られる「中核症状」（物忘れなどの記憶障害，時間感覚や季節感が薄れたり，自分がどこにいるのか分からなくなったりする見当識障害など脳の障害による症状）と，二次的な「周辺症状」（性格・環境・人間関係など多様な要因が関連して起こる幻覚や妄想，徘徊や異食などの症状）があります。
　認知症の利用者にとって周辺症状は「当たり前の反応」であり，必ず原因や目的があります。つまり，周辺症状の行動や言動の意味や理由を考えることで，初めて利用者の立場に立った受容が可能となるといえます。

1 徘　徊
―― 外出のたびに戻れなくなる本人の安全を確保するために

1　ケース概要

事例の概要	男性，93歳。 　アパートで1人暮らしをしていたが，認知症の進行により介護保険サービスの利用を開始する。室内にポータブルトイレを設置しているが，排便は1階の共同トイレを使用している。共同トイレ内は段差があり，手すりがなく後方への転倒が増えている。ポータブルトイレを使用するように伝えるが，本人に伝わらない。また，紙パンツの使用を試みるが「履き心地が悪い」との理由から，ヘルパーがいない間に綿パンツに履き替えている。ポータブルトイレで排尿する時は，立ったままなので衣服や床に尿がつき，3畳の室内や本人の衣服は尿臭が強い。 　下肢筋力低下のため，座り込んで自力で立ち上がれない時があり，ヘルパーの訪問時に見つけられることが多い。夜間の徘徊があり，民生委員の関わりの経過から「徘徊高齢者安心サービス」（小型発信器を身につけることで，位置を特定するサービスを利用し，徘徊高齢者の早期発見と事故予防につなげるもの）を契約している。
家族状況	〈ジェノグラム〉　　〈家族構成〉 　　　　　　　　　　独居。 　　　　　　　　　　妻はすでに他界している。子どもが市外に在住。緊急時はケアマネジャーが対応を行っている。
生活歴等	他県出身。いろいろな職業についてきた。妻が死去後は現住所に1人で生活している。 経済状況：生活保護 住宅状況：アパートの2階に居住。屋外に設置された階段には屋根がない。1階の共同トイレ内は段差があるが手すりがないため，後方へ転倒することが増えており危険である。
心身の状況	認知症自立度　Ⅱb／寝たきり老人自立度　A1／要介護　3 〈主な病歴・疾患など〉 ・腰痛で手術歴がある。 ・脳血管性認知症

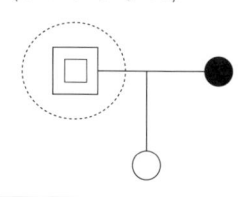

	〈現在の治療状況〉 　高血圧・脊髄狭窄症による下肢筋力低下がある。 〈服薬状況〉 　血圧降下剤 〈中核症状・行動・心理症状〉 ・デイサービスに行かない日はテレビを見たり，雑誌を読んだりして過ごしている。 ・1人で近くのコンビニエンスストアへ「酒類・雑誌」を買いに行き，自宅まで帰れない時がある。 ・簡単な調理をしていたが，電子レンジのタイマー操作もできなくなった。 ・失禁して下着を脱ぐが，新しい衣服を着ていないことがたびたびある。 ・夏季の室温が40度になっていても窓も開けず，扇風機やクーラーをつけていない。
日常生活とコミュニケーション	〈ADL〉 寝返り・起き上がり：自立 移乗・歩行：見守り 入浴：デイサービスで入浴を利用。手引きなどの介助が必要。 食事：自立 着脱：声かけや促しが必要。 排泄：尿失禁がある。排便は自立しているが，時々，失敗することがある。 〈コミュニケーション〉 視力・聴力：普通 意思の伝達・決定：記憶保持能力が低下している。
訪問介護計画	〈本人の意向〉 　現状の生活で満足している。このまま，ずっと家で過ごしたい。 〈援助目標〉 　本人の生活環境を整え，安定・安心して在宅生活が送れるように支援する。 〈援助内容〉 排泄介助・衣服着脱介助：排泄確認後，陰部清拭をして衣服着脱の介助を行う。 調理：調理時はカセットコンロを使用し，調理後はカセットボンベを外す。

洗濯：尿臭が強いので，つけおきをした後，洗濯を行う。
買物：1週間分の食材を購入し，小分けをして保存する。
掃除：ポータブルトイレの処理・洗浄，居間の掃除，整理整頓を行う。
その他の家事：窓の開閉を行う。

〈週間スケジュール〉

	月	火	水	木	金	土	日
午前	訪問介護 デイサービス	訪問介護	訪問介護 デイサービス	訪問介護	訪問介護 デイサービス	訪問介護	訪問介護
午後		訪問介護		訪問介護		訪問介護	

〈訪問介護以外の支援サービス〉
・デイサービス：週3回
・福祉用具貸与：杖・ベッド
・医療機関：往診（内科）
・家族親類：長女との交流は少ない。
・地域：民生委員の対応あり。

2　支援経過

日時	訪問経過	分析・考察・所感
10月15日	夕方担当のヘルパーが訪問すると，本人が不在であるため自宅近辺を探す。帰り道の途中で座り込んでいる本人を見つける。「コンビニにチューハイを買いに行った」とのこと。歩行介助をして帰宅する。 →本日の状況をケアマネジャーに報告し協議する。夕食時に「1缶だけチューハイ」を配膳することにする。今後，お酒は配達してもらい，それをヘルパーが用意することで，本人の了解を得る。 **Q1** 認知症の利用者の飲酒に関してどのように対応していけばいいでしょうか？	飲酒は，本人の生活上の楽しみであることを考慮し，「1日1本」で対応することとなる。
12月15日	朝担当のヘルパーが訪問するが本人が不在である。テレビも電気もついたまま，空室になっている。近辺を探すが見つからない。ケアマネジャー・民生委員などに連絡し，関係者で捜索するが行方が分からない。 →ケアマネジャーから連絡 　救急搬送されていたとのこと。病院付近で転倒していたところ，通行人が見つけ通報し，救急搬送されたとのこと。	「どこかへ行こう」と思っての行動だったようで，途中で道が分からなくなってしまったものと思われる。
1月15日	〈サービス担当者会議〉 「徘徊高齢者安心サービス」の使用を検討する。 　本人が拒否するので「お守りです。カバンに入れておいてください」と伝える。ヘルパー訪問時にカバンの中に入っているかを確認する。デイサービス利用時に充電する。 **Q2** 援助者全員で情報を共有したいとき，どのような手段がありますか？	本人が完全に納得しないまま，いろいろなサービスを提案することがあるので，<u>担当者全員で，ていねいに必要性を伝える</u>。
2月10日	昨夜，アパートの大家から連絡があり，「本人が1階のトイレ前で転倒していたが，外傷はなく一緒に2階の部屋まで付き添った。念のため受診したが骨折はなく経過観察となる。痛みの訴えがあった時のために薬が処方されているので，ヘルパー訪問時に適宜服薬の促しをお願いしたい」とケアマネジャーから報告がある。	下肢筋力低下があり，バランスを崩すと転倒する。室内の移動や，共同トイレでの移動が心配である。

第2章　周辺症状について考える

2月11日	昨夜,転倒していたことを本人は覚えていた。痛みも体調の変化もないとヘルパーから報告がある。	
2月12日	ヘルパーが訪問すると室内のポータブルトイレの前で,仰向けになって転倒している。ヘルパー1人で起こせない。失禁があるが,身体を起こそうすると痛みの訴えがある。 →サービス提供責任者が訪問し,状況確認する。痛みの訴えが強く,ケアマネジャーに報告後,救急車を要請し入院となった。	

3 担当者の所感及び考察

■サービス提供責任者より
●苦労したことや留意点
・本人の生活状況からヘルパー訪問回数の増回などプランの見直しが必要な状況であったが，区分支給限度額の制限がありプランの見直しが進まず，限られたサービスの枠内で援助の工夫を行った。
●疑問点や不安であったことなど
・本人の外出したいという気持ちや思いをどのように受けとめたらよいか分からず悩んだ。
●うまくいったこと
・援助内容に差がでないようヘルパー同士の情報共有を図り，各ヘルパーに本人の現状や対応を細かく伝えたため，ヘルパーから報告が多くなり，ヘルパー間の連携が図れた。

■ヘルパーより
●苦労したことや留意点
・本人との良好なコミュニケーションを基に，本人に声かけや促しを行うが，その場のみの対応となり援助が継続できない。
・多数のヘルパーで関わっているため，援助内容の統一をしていくことに時間を要した。
●うまくいったこと
・ヘルパーの訪問回数が増えた時点で，援助が安定した。情報共有のために記録の重要性を再認識した。

Q1 認知症の利用者の飲酒に関してどのように対応していけばいいでしょうか？

A 心身状況により，慎重な対応が求められます。全面禁止でない場合でも，利用者自身が「適量」を判断することが難しくなってくるので，医療関係者の指導，助言に基づき，事前に約束事を決めておくとよいかもしれません。例えば，「お酒は，一日一合（缶ビールなら500ml一本）にする。休肝日を設けて，飲まない日を作る」ということも必要です。

Q2 援助者全員で情報を共有したいとき，どのような手段がありますか？

A 介護保険制度では，ケアマネジャー対してサービス担当者会議の開催を義務付けています。会議では，ケアプランの検討だけでなく，主治医からの意見やサービス事業所同士の情報共有や，共通した支援の方向性を図る機会でもあり，利用者に関わるケアマネジャーを中心に，またヘルパーが複数で関わる利用者の場合は，事業所内でのヘルパー同士のケース会議を開催し，ヘルパー間でも情報を共有できるようにしましょう。

4　事例のまとめ

　独居で徘徊がある認知症の利用者の場合，在宅介護においてはサービス担当者の誰かが24時間ずっと利用者と共に居ることが前提ではないので，多くのリスクが伴います。中でも，最も危険性の高いのは移動中の転倒です。この利用者は93歳という高齢でもあり，下肢筋力低下もあります。そして，住まいはアパートの2階が居住スペースでトイレが共同で1階の離れにあり，日常生活動作が自立している利用者は，移動も自分の意思で自由に行うため，さらに転倒リスクの確率が高い条件がそろっています。

　徘徊は，主に「不安」，「人が恋しい」，「何か食べたい」，「何かを探している」，「今までの習慣」等の解釈ができます。この利用者の場合，独居である状況からみて，いずれの理由も当てはまりそうです。本人のこれまでの経過，そして日常生活のパターンやリズムから，目的を探り出し，本人にとって，移動・外出することは徘徊ではなく，ごく自然な生活行為であると日常化するような働きかけができれば，ヘルパーの業務上のモチベーションも高まるかもしれません。

　さて，この利用者は，飲酒を習慣にしていますが，認知症の利用者に対してヘルパーはどう考え対処していけばいいでしょうか。この利用者の場合，飲酒により酔いがまわり，転倒リスクが当然高まることが考えられます。そのリスクを想定し，あらかじめ，主治医からの指導・助言をもらうことも必要になると考えます。飲酒の習慣があり，これまで酒による健康被害がほとんどないのなら，本人にとっての適量を確認（といっても最小限にします）し，本人にも約束を取り付けた上での対応が好ましいと考えます。独居であることを考えると，飲酒量の自己管理ができるよう支援することも必要かもしれません。

2 買物依存
―― 食材を買いこみたい本人の気持ちに共感する

1 ケース概要

事例の概要	女性，85歳。 　冷蔵庫内が一杯になっていないと不安になる。ヘルパーは食材の整理や処分に追われている。古い家屋であるため，食材の腐臭があると，ネズミ・ゴキブリ等が発生し，不衛生な状態である。時折，未就労の長男が在宅している中で援助を実施している。
家族状況	〈ジェノグラム〉　〈家族構成〉 夫：1か月前に死去。 長男：アルコール依存症・現在就労していない。別に住居はあるが，本人宅での生活実態がある。
生活歴等	約20年ほど会社員をしていたことがある。 経済状況：年金 住宅状況：一戸建て・持家
心身の状況	認知症自立度　Ⅱb／寝たきり老人自立度　J2／要介護　1 〈主な病歴・疾患など〉 　アルツハイマー型認知症，心房細動（ペースメーカー埋め込み術実施），高血圧 〈現在の治療状況〉 　1人でタクシーを利用し通院している（通院日を忘れていると，病院から電話が入る）。診療内容は理解できていないと思われる。 〈服薬状況〉 　本人の自己管理であるが，飲み忘れや服用の重複がある。 〈中核症状・行動・心理症状〉 ・ヘルパーの訪問時間を覚えていない。 ・買物依存がある。

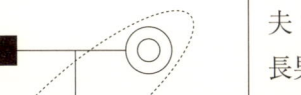

日常生活と コミュニ ケーション	〈ADL〉 寝返り・起き上がり・移乗：自立 歩行：自立（歩行器を使用している。長距離は不可） 入浴：週2回デイサービスを利用，自宅でシャワー浴をすることがある。 食事・着脱・排泄：自立 〈コミュニケーション〉 視力・聴力：普通 意思の伝達・決定：その場での会話は可能だが，物忘れが顕著で，理解力が低下しているように思われる。
訪問介護 計　画	〈本人の意向〉 　介護保険のサービスを利用し，住み慣れた家で生活していきたい。 〈援助目標〉 　本人の意向に沿った生活援助を行うことにより，安定した在宅生活を安心して送れるように支援する。 〈援助内容〉 　掃除・調理 〈週間スケジュール〉 |	月	火	水	木	金	土	日
---	---	---	---	---	---	---	---
午前	デイサービス			デイサービス			
午後		訪問介護			訪問介護			 〈訪問介護以外の支援・サービス〉 ・福祉用具貸与：手すり，歩行器 ・週2回の配食サービス ・医療機関：通院日に病院から電話をしてもらっている。 ・家族親類：不定期ではあるが長男が在宅している。長女は月に1，2度訪問している。 ・地域：近隣とは挨拶程度。

2 支援経過

日時	訪問経過	分析・考察・所感
5月26日	夫の死去に伴い、張りつめていた気持ちがとぎれ、喪失感や虚無感となり、疲れが出ている様子。「何も片づけられない」と。不安があるのか多めの買物になってしまうとのこと。 　ヘルパーが冷蔵庫内の傷んでいる野菜を片付ける。鍋に筍が腐ったまま放置されているので、処分しようとすると、「置いておいて」と言われ処分ができない。 　台所には、ネズミの糞が多量にある。冷蔵庫に収まらない野菜などの食材が台所付近に置かれており、夜間などに、ネズミに食べられた痕跡がある。	夫の死去にともなうショックがある。居間で息子が寝ているため、メリハリのない生活となっている。
6月11日	〈サービス担当者会議〉 　要支援2から要介護1へ要介護度が変更となった。本人の要望は「自分で買物に行きたい」であった。 　課題としては買ってきた食品を忘れてしまう、食べ物が余分にないと不安になる、服薬ができていない、腐った食材の処分をさせてもらえない、などがあった。 　サービス提供責任者からヘルパーの増回を提案するが、長男と本人が「その必要はない」とのこと。不衛生な状況であることをあまり気にとめない様子がうかがえる。	ヘルパーと一緒に買物介助を行うことを確認する。本人の気分転換ができ、生活のリズムが整うことを期待する。 　腐った食材の処分やネズミの発生に関する課題を伝えるが、本人の意向の尊重を優先するプランとなり、訪問介護としての課題が整理できないことに、もどかしさを感じる。
6月19日	ヘルパーが訪問すると、「頭が痛くて寝ている」と。本人が書いた買物メモがテーブルに置かれている。メモを元に冷蔵庫内やテーブルを確認すると、買物メモに記載されている物はほとんどが揃っている。本人にさりげなく、「足りていますね」と声をかけると、本人は少し怪訝な表情になるが「あるのですね」と。すぐに、冷蔵庫にはなく日持ちがしそうな食材を提案し、リストに追加する。	本人は、冷蔵庫などの食材を確認せず、リストを作成していることが分かる。とっさの機転が幸いし、購入食材を減らすことができ、買物の時間が短縮したことで、本人と一

第2章　周辺症状について考える　65

			緒に調理をすることができた。4人家族であった頃の調理を行う習慣が未だに残っているように感じる。また人数分の調理をする使命感のようなものを感じた。今後は，買物メモから食材購入，献立，調理へ至るまでの流れを一緒に行えるようアプローチする。
6月22日	〈サービス提供責任者訪問〉 　サービス担当者会議で確認した買物介助を行う。初めてヘルパーと一緒に車いすで買物に出ることとなる。 　本人にとって久しぶりの買物介助のため「大変うれしい」と。事前に一緒に献立を考え，「2人分の調理」であることをくり返し確認し，少量の食材購入でよいことを伝える。また一緒に冷蔵庫内を確認する。		台所周辺に置きっ放しの野菜など食材が徐々になくなりつつある。

6月29日	ヘルパーが訪問すると，本人が「息子が働いてくれたら」と話す。一生懸命，自分が調理をすることで，長男が元気に働くことを期待している様子であった。	長男の将来を案じての発言だと思われる。長男のために何かしたいとの思いが強いように感じた。
7月3日	本人と長男が一緒に買物に外出した帰り，長男が倒れて緊急入院となる。	ほとんど，息子と買物に出る機会はなかったが，本日は本人と銀行に寄り年金を下ろすこととなっていたとのこと。
7月13日	長男が退院。<u>金を下ろすため印鑑を探したが見当たらない。1日中探していた様子。</u> 印鑑の場所が分からず慌てていたが，ヘルパーが訪問すると，少し落ち着き，ヘルパーと一緒に印鑑を探し，見つけられた。	**Q3** 通帳の管理等が難しくなってきた利用者。どのような援助が考えられますか？
7月24日	紙パックの酒，ビールがケースで買い込んである。 長男は常に飲酒していて呂律が回らない状態。ヘルパー訪問中は，2階で横になっている様子。炊飯器の中は，カビが生えている。 長男だけでなく，本人も少し飲んでいる様子である。 夏場は小バエが発生している。台所周辺に食材を置かなくなり，ネズミの形跡はほとんど見られない。しかし，台所のシンク内には，食べ残した食器類が数日間，放置されている状態である。不衛生な状態であることから，ケアマネジャーにヘルパー訪問の増回を提案する。	現在のヘルパーの訪問頻度では，傷んだ食材の処分をすることに限界がある。本人へ働きかけているが，進展が見られない。
10月19日	〈サービス提供責任者訪問（モニタリング）〉 1人で通院できているが，自分自身の状況を説明したり医師の言うことが理解できているのかどうか不明である。本人1人での服薬管理はできていない。 ヘルパーと一緒に購入する食材を考えたり，買物へ行ったりすることで，本人が自分で調理をするようになり，確実に買い過ぎや廃棄量は減少している。しかし，食べ残した分の処分ができていないため，台所周辺は不衛生な状況が続いている。	本人と一緒に考え行動することにより，確実に前進しているものの，不衛生な状況は改善されていない。 本人・家族・関係機関で，具体的に支援の方向性を考えているが，長男が今以

第2章 周辺症状について考える

			上のサービス導入に拒否的である。ケアマネジャーが話をしているが，了解を得られていない。
10月23日	〈ケアマネジャーから報告〉 ・主治医から「認知症の進行により診察内容を理解できていないようである」との情報提供があった。本人の病識がなく，服薬管理ができていないため，家族に病院の付添や服薬管理を依頼するが，未対応であるとのこと。 ・サービス提供責任者が提案した，ヘルパー訪問回数の増回についても了解は得られていない。 ・今後は訪問看護での服薬管理も検討しているが，長男の同意を得るために，ケアマネジャーと同行訪問して，ヘルパーの視点で話をしてほしいとのこと。		ケアマネジャーが慎重にヘルパー増回や新しいサービスの導入に動いているが，長男の同意を得るのに苦慮している。本人の様子を把握しているヘルパーから長男に服薬の重要性等を伝えたり，ケアマネジャーと十分に打ち合わせたりして，長男の同意を得られるようにアプローチしたい。
10月28日	長男と一緒に買物中，本人が転倒し，緊急入院したとケアマネジャーから報告あり。		サービス導入等に関する提案は，退院の段階で再度伝えることとする。

3 担当者の所感及び考察

▰サービス提供責任者より

●苦労したことや留意点など
・家族が本人の状況に対して，課題があると，とらえていない。
・傷んだ食材の処分や廃棄に追われていることが多かった。
・食材が多量にあり，放置されているのでネズミやゴキブリが発生しており，その対応に苦慮した。
・アルコール依存症の長男がいることで，本人の生活が不規則になっている。本人も飲酒のため，栄養面に偏りがあり，健康面で心配である。

●疑問点や不安であったことなど
・別居の長男が長期間，在宅していることで，買物や調理内容の多さなど本人に混乱が生じたこと。

●うまくいったことなど
・本人と一緒に購入する食材を考え調理するなど援助内容が一部見直されことで，余分な食材が減少したり，ネズミがいなくなったりした。
・ヘルパーの声かけで，冷蔵庫内の食材の確認や買物メモの作成・調理を一緒にすることで，食材を管理できた。

●その他
・いつも台所のシンク内が食器や食材で一杯で，小バエが発生しており，どのように清潔保持につなげるか焦りがあった。
・ケアマネジャーを含め，関わるメンバーがチームとして援助の方向性が統一できたため，各ヘルパーが同じ声かけをすることができた。

▰ヘルパーより

●苦労したことや留意点など
・多くの食材があるにもかかわらず買物依頼があるが，不要な買物をしないため，本人にどのように伝えるかを工夫することに苦労した。
・食材の処分や廃棄に追われることが多く，何の支援でのヘルパー訪問か悩むことがあったが，不要食材が減りネズミがいなくなって清潔の保持ができたことは，目に見えた成果であった。
・食材の購入や調理の場面で，うまく声かけを行い誘導すること。

●疑問点や不安であったことなど
・食材を捨てても減らない状況が続いた時は，モチベーションの維持が難しかった。

●うまくいったことなど
・食材を使用するために，本人と一緒に調理を行えた。

・買物介助の際，本人のうれしそうな顔を見たとき，支援に入ることの達成感を感じられた。
・買物内容の確認等について統一した声かけを行うというチームワークを図れたことで，食材の軽減ができた。

●その他
・訪問当初は室内環境の整備や掃除をすることばかりが繰り返され「これでいいのか」と自問自答することがあった。
・買物介助をすることで，本人の表情・状態や生活の変化を実感することができた。

Q3 通帳の管理等が難しくなってきた利用者。どのような援助が考えられますか？

A 　認知症等により自分で金銭の管理ができなくなった場合は，サービス事業所だけで問題解決を図ることは困難です。利用者の権利を守る制度として，成年後見制度や日常生活自立支援事業があります。成年後見制度は判断能力の不十分な人を保護し，支援する制度です。日常生活自立支援事業は社会福祉協議会等が実施している事業で，本人との契約により日常的な金銭管理などの援助がおこなわれます。いずれにせよ，金銭管理はヘルパーだけの責任ではできません。適切に制度の利用を進める必要があるでしょう。

4　事例のまとめ

　この利用者は，夫の死後まもなくの状況であり，周りの環境が変化し，本人にとっては喪失感と虚無感がまだ残る中，認知症が少しずつ進んできた段階でのヘルパー派遣となりました。

　ヘルパーが訪問する直前の利用者の生活は，「こなしきれない買物→台所が物（食材）であふれる→腐る→不衛生（ネズミ，ゴキブリの発生）」と悪循環がありました。それが，ヘルパー訪問約1か月後に，好循環へと切り替わりました。改善した理由は，ヘルパーの支援経過から読み取れます。「訪問当初，利用者は4人家族であった頃の家族の調理を行う習慣が残っており，その人数分の調理をする使命感のようなものが本人から感じられた」とのこと。そのことから，ヘルパーは，「利用者から手渡される買物メモから買物（食材購入），献立，調理を利用者と一緒にする」ようになり，利用者との信頼関係が徐々に形成されたようです。

　買物をするのは，家族を思う気持ちの表れだったと思われます。本人の中で，家族の存在があり，妻として母親として家族を思いやる気持ちが，特に買物という行動に表れています。また，物忘れがひどい状態であっても，息子に対しては「働いてくれたら」と将来を案じています。ヘルパーは，このような家族に対する思いやりをいつまでも忘れない本人の気持ちを引き出し，共感的に理解し，さらに安堵の表情を引き出すのが大切ではないかと思います。

　本事例では本人が，診察時の医師の説明をほとんど理解できておらず，服薬管理が大きな課題となっています。服薬管理は，同居している者が行うのが効果的なため，息子が協力する環境整備が必要となります。この場合，家族の日常のくらしぶりを知るヘルパーが中心となり声かけや関係づくり等工夫して，息子にキーパーソン（協力者）になるよう働きかけることができればというのが次の課題です。

3 被害妄想
――訴えを苦痛や不安のサインととらえて状況を改善していく

1 ケース概要

事例の概要	女性，73歳。 　物盗られ妄想による生活への不安感があるが，集団生活や時間拘束される生活はしたくない（定年近くまで働いた後，母の介護を経験，自由な時間がなかった）ので施設入所の希望はない。 　器具の扱いが分からなくなることがあり（浴槽の栓の開閉方法，手の届かない場所のコンセントを外して元に戻せないなど）ヘルパーに支援を求めたり，知人に来てもらったりするようになってきた。 　見当識の障害があり，ゴミ出しはできるものの，所定の曜日を間違えて近隣の住民から注意を受けることがあった。
家族状況	〈ジェノグラム〉　〈家族構成〉 独居。 妹：他県在住であり，月に2～3回，週末に訪問する。行き来する機会は少ないが連絡を取り合っている。 弟：20歳代の頃から障害者施設に入所している。
生活歴等	・50代後半まで保育士をしていたが，階段からの転落によるケガをきっかけに退職した。その直後，同居の母が倒れ，約8年間母親の介護を中心に生活してきた。 ・弟の入所施設で開催される家族会に時折参加し，弟と面会している。 ・現住居は生家（母の介護をしていた頃に建て替えている）である。 ・少数だが幼少時からの知り合いがおり，現在も時折訪問がある。 経済状況：年金 住宅状況：一戸建て
心身の状況	認知症自立度　Ⅱa／寝たきり老人自立度　J1／要介護　1 〈主な病歴・疾患など〉 慢性肝機能障害：20代後半に劇症性肝炎を患って以来，肝機能障害による疲労感・倦怠感があり疲れやすい。

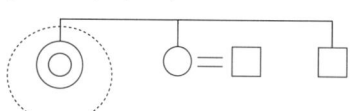

- 腰椎椎間板障害：50代後半に階段から転落したケガによる腰と下肢の痛みがある。
- 自律神経失調症：発症時期は不詳。症状を抑えるために服薬している。
- アルツハイマー型認知症

〈現在の治療状況〉

　肝機能障害，自律神経失調症は2週間に1回，かかりつけの内科を受診している。友人の支援で認知症外来を受診するようになった。

〈服薬状況〉

　ラジストミン（血圧降下剤），カリクロモン（血管拡張剤），コバンダキシン（自律神経改善），マイスリー（誘眠剤），アリセプト（認知症状進行抑制）

〈中核症状・行動・心理症状〉

- 物忘れによる短期記憶の障害が顕著である。眼鏡や財布，テレビやエアコンのリモコン，洗濯後の衣類などを片付けた場所が分からなくなると「泥棒が入って盗んでいった」という訴えになる。
- 「夜間に誰かが家の中に入り込んできている」「出掛けている間に誰かが勝手にエアコンを使っている」などの被害的な妄想がある。特に夜間1人で過ごすことに対する不安が強く「夜だけ泊めてくれる施設があれば利用したい」という相談がある。また「結婚していれば夫がいたはずで（寂しさや不安があっても）こんなことにはならなかった。女1人で暮らしているから泥棒に入られる」と話すことがある。
- 浴槽の栓を開閉する方法が分からなくなった（知人に開閉ボタンの位置を教えてもらった）ということがある。炊飯以外の調理はほとんどできなくなってきている。
- 見当識の障害があり，ゴミ出しの曜日を間違えることがある。

日常生活とコミュニケーション

〈ADL〉

寝返り・起き上がり・移乗：自立

歩行：ふらつくことがあるが，自宅近くのコンビニエンスストアへ，杖なしで歩いて行く。長い距離を歩くと疲れるため，通院時はタクシーを利用することが多い。夏季は外出することが多く，友人と一緒に市民講座に参加したり，遠方の百貨店に出掛けたりしている。冬季は通院以外の外出は少なくなる。

入浴：自宅で入浴するが，洗身が十分にできていない。入浴回数は週に1～2回程度だが，週1回デイサービスを利用するようになり，入浴・洗身の介助を受けている。

食事：炊飯とお茶を沸かすことはできるが，調理はほとんどできない。
　　　自分で買物にコンビニエンスストアやスーパーへ行き，惣菜を買って食べていることが多い。
着脱：自分でできるが，昼頃までパジャマのままで過ごすことが多い。
排泄：自立
〈コミュニケーション〉
視力：老眼鏡使用（片付けた場所が分からなくなるたびに購入したため4個持っている）。
聴力：少し大きめの声で話せば聞き取れる。
意思の伝達・決定：問いかけに応対できるが，買物内容を決める時など時間を要する。短期記憶の保持ができていないことがあり，同じ内容の質問をしてもすぐに答えが変わり，数分前に話した話題を忘れて，くり返すことがある。

訪問介護計画

〈本人の意向〉
　保育士として働いた後，母の介護中心の生活をしていた。時間的に拘束される生活が続いたが，ようやく自由に暮らせるようになった。今は自分の好きなように過ごしたいと思う半面，孤独や不安を感じている。
　自宅の2階に泥棒が住み，自分が留守の間に眼鏡やリモコンを持ち去り困っており，夜間1人で過ごすことは不安である。施設入居は希望しないが，夜だけ泊まれる所があれば世話になりたいと考えている。

〈援助目標〉
　1人暮らしに不安を感じる半面，自分が行きたい所へ行けるなど自由な暮らしを続けられることで，在宅生活への意欲が保持できるように支援する。

〈援助内容〉
　買物・掃除の介助

〈週間スケジュール〉

	月	火	水	木	金	土	日
午前				訪問介護 デイサービス			
午後		訪問介護	月2回程度，友人の訪問		訪問介護		

〈訪問介護以外の支援・サービス〉
・デイサービス：週1回

・医療機関：以前から内科には自分で通っている。認知症外来は今年2月から受診（月1回）。友人が付き添っているが，友人が付き添えない時は1人で通院する。
・家族親類：月に2～3度，妹が訪問している。本人の物忘れが目立ち，「物盗られ」の相談をされたことで，このままでは，近隣に迷惑をかけるので1人暮らしが難しいと考え，施設入所を検討したことがあった。現在は友人の支援を前提に，在宅生活の継続を了承している。
・地域：知人が，時々様子を見にきてくれる。一緒にカルチャースクール（市民講座）に通う友人との交流が続いており，月に何度か自宅に訪ねてきて一緒に食事をしている。

2　支援経過

日時	訪問経過	分析・考察・所感
10月2日	玄関のベルが鳴って表に出ると，誰もいなかったり，誰かが窓に向けて投石したりすることが何度かあると本人から訴えがあった。 **Q4** 他者から被害を受けているという相談を受けたときは，どうすればいいですか？	サービス提供責任者の訪問中に，子どもが玄関のベルを鳴らすいたずらを見つけたことがあり，本人の訴えの一部は事実である。投石については不明だが，同様に子どものいたずらの可能性がある。
10月18日	エアコンのリモコンを紛失することが多く，今回2個購入された。 →探しても見当たらないことが多い。	自分で片づけて後で出てくることがあり，忘れることが多い。「泥棒の仕業」ということで自己解決している。
10月25日	夜中，就寝中に男の人に身体を触られ嫌な思いをしたとの訴えがある。どんな男の人か，尋ねようとしたが，話が大きくなるかもしれないと躊躇する。	以前から，毎晩頭を叩かれるという訴えはあるが，身体を触られるという訴えは初めてである。
11月7日	（本人の訴え）夜中に誰かが入ってきて家のものを盗んでいく。たくさんあった眼鏡が見当たらない。エアコンのリモコンを盗られたことがあり，電気店でリモコンを購入した（後で見つかったため，同じリモコンが2つある）。 住宅業者に相談したら，警備会社のセキュリティシステムの契約を勧められた。センサー取り付けの初期費用だけで高額となるため，実現しなかった。	少し前の行動や言動を忘れているなど短期記憶の障害が顕著で，片付けた場所が分からなくなることがあると考えられる。物盗られ妄想は，1人暮らしに対する不安が原因のように思えるが，警備会社のセキュリティシステムで解決するものではなく，代替

			策の提示ができていない。
11月14日		賞味期限が切れた冷凍食品が多数あったため，本人に声かけをして了承を得て処分する。	多数の食材を購入しているが，その日の気分で食べないことも多い。早く食べた方がよいと声かけをしている。
11月18日		訪問すると「スーパーでもらったエコバッグが，先週からなくなっている」とのこと。 →先週は，買物の対応をしていないので使用していない。	常に「物を盗られる」という訴えがある。現時点でヘルパーへの疑いは口にしていないが，今後可能性がある。
11月20日		夜中に頭を殴られることが続いているとの訴えがある。	「ヘルメットがほしい」との訴えがある。苦痛なく眠れ，頭痛がなくなるなら購入しようか，とも考えるが，解決につながるとは考えにくい。
12月4日		（本人の訴え）頭痛がひどく困っている。頭痛の原因を尋ねると，「夜中に誰かが家に入ってきて何度も頭をたたくためだ」と。「昼間は1人で過ごしても平気だが，夜間は人が入ってくることがあり不安に感じている。夜だけ泊めてくれる施設があれば利用したい」とのこと。	1人暮らしに対する不安の訴えが続くが，不安解消となる具体的な解決策が提示できず，傾聴するのみの状態が続く。
12月8日		夜中に頭を殴られて痛いとの訴えがある。少し前に路上で転び，強打した頭部を指している。 →レントゲンで「異常なし」と言われたことは覚えている。	転倒して打ったことを忘れ「たたかれて痛いからレントゲンをとった」に変わっている。
12月16日		「いつも頭をたたかれ痛い」「昔来ていた大工左官の人だと思う」とのこと。 →肯定も否定もせず傾聴する。	頭をたたいたのが誰か，具体的な人物を話すのは初めてな

第2章 周辺症状について考える

		ので,原因を探る参考になるのではないかと思われる。
12月19日	頭の上にビニール袋に入れたタオルを置いていた。「何となくホッとするから」とのこと。	タオルで冷やし,痛みが緩和できて,ホッとしているのかもしれない。
12月24日	今日も「頭を叩かれ痛い」とのこと。	

3　担当者の所感及び考察

▰サービス提供責任者より
●苦労したことや留意点など
- 友人などが協力的で，認知症外来への通院を付き添っている。ただ「認知症」に対する理解がどの程度かは不明で，本人に対して「もっとがんばれば自分でできる」という思いで接している。本人は「身体がしんどく，友人のように動けないので気持ちがついていかない」「保育士として長い間働き，母親の介護で拘束される生活だったが，70歳を過ぎてやっと自由になった。長い間がんばってきたので，今は好きなように過ごしたい」ことを友人などには話せていない。
- 友人の勧めで利用したサービスが，生活状況に合わず続かないことがあった。本人の気持ち（長い間仕事と介護でがんばってきたことなど）を知り支援に協力してもらえれば，本人の意向をくんだ支援やサービス導入ができたかもしれない。本人の思いが友人に「嫌がっている」「面倒くさいと思われている」と受け止められると，友人の協力意欲をそぐ恐れがあるため，友人に本人の意向をどう伝えるか配慮が必要である。

●うまくいったことなど
- 友人の協力で認知症外来の受診などの導入につながった。1人暮らしに対する不安を解消できていないが「これまで仕事や介護でがんばってきたので，今は自由にしたい」という在宅生活に対する前向きな意向を聞き取れた。

▰ヘルパーより
●苦労したことや留意点など
- 話の内容の真実性は不明だが，本人の訴えにつながる「原因」を探る必要がある。
- 1度だけ本人の訴えを「そのようなことはないでしょう」と否定したことがあり「もう何も話さない」と怒られた。すぐに謝罪し受け入れてもらえたが，現実感のない話に合わせることにとまどった。

●疑問点や不安であったことなど
- ほぼ毎回「夜中に頭を叩かれる」という訴えがあるが，把握していない病気の心配がある。

●その他
- 物が壊れたり，自分で壊したりしても，「他者のしたこと」と話の内容が変わっていることがある。
- 自分自身の非を認めたくなかったり，物忘れを取り繕っていたりするようにも思われる。

Q4 他者から被害を受けているという相談を受けたときは、どうすればいいですか？

A 　まずは訴えの内容について事実確認が必要です。事実でない訴えであれば、本人の不安を取り除くために、本人の言動を否定しない姿勢で話を傾聴しましょう。また事例のように訴えの内容が事実である場合もありますので、「被害妄想による言動」だという先入観をもたずに、対応することが必要です。

ひもときシートから実際の事例を分析する

「③被害妄想」をひもとき

STEP1　評価的理解（援助者として感じている課題を，援助者の視点で評価）

　「誰かに頭をたたかれて痛い」「身体を触られた」という本人の訴えに対して，どう対処すればよいのかが分からないという援助者の思いや，本人が感じている1人暮らしに対する不安を解消する具体策が提示できないという課題が挙げられています。援助者は本人の物盗られ妄想や被害妄想が落ち着き，安定して生活してほしいと望んでいます。

STEP2　分析的理解（思考展開エリア）

　「夜中に誰かが家の中に入ってきて，何度も頭をたたかれ，頭が痛い」という本人の被害妄想＝周辺症状は，本人の辛さや困りごとに気づくためのサインです。このサインの背景に目を向けるために，訴えの要因を8つの視点で分析します。

　1）や2）の医療的な視点では，「肝機能障害による疲労感や倦怠感」が，「本人の訴えに影響しているのではないか」と想像できます。事実の詳細を確認するために，医師や看護師など医療・看護職から正確な情報を得ることが大切です。たとえば，医療・看護職を含む多様な職種が集まり，ひもときシートに取り組むことで，より多くの情報を引き出し，さまざまな援助の方法を探ることができます。

　1人暮らしの不安や心細さ，孤独は，3），4），6）で挙げられていますが，重複する項目は，訴えの要因を探る重要な手がかりです。4）では「自宅前に小学校がある」ことから「昼間は子どもの声が聞こえるが，夜になると静かになる」環境ではないかと分析しています。生活環境の昼夜による変化などを推測することも大切です。6）では「一戸建てに1人暮らし」の状況から，部屋数が多いことや大きな窓があることが，本人に不安を与えているのではないかと考えています。

　7）の「ゴミ出しはできても曜日を間違える，浴槽の栓の開閉が分からなくなる」ことは，認知症の中核症状である見当識障害や失行に当たります。「いろいろなことが分からなくなってしまい，できていたことができなくなってしまった自分」に対する不安なのかもしれません。

　3），6），8）でくり返される「母の介護経験」というキーワードは「打ち込むものがなくなった結果，徒労感や空虚感を感じたり，意欲低下につながったりしている」ことを示している可能性があります。保育士，あるいは母の介護者として人生を歩んできた本人の姿を理解することが，訴えの要因を探る重要なヒントであるといえます。

第2章　周辺症状について考える

STEP3　共感的理解

　D, Eでは本人の立場に立つことで本人の思いや困り事が見え，援助者自身が感じる感情や偏った見方から，本人の視点へとシフトしています。

　未婚で，長年仕事と母の介護が中心の生活を送ってきた本人は「がんばってきたことを認めてほしい」と感じているのではないでしょうか。たとえば，本人の不安だけに目を向けるのではなく，送ってきた人生をねぎらう傾聴や寄り添い，ふれあう姿勢をとるなど，本人の気持ちに共感することで，課題解決に向けた支援方法が見えてきます。「頭をたたかれて痛い」という訴えは，「仕事と介護を両立してきたがんばりを認めてほしい」思いと重なるのかもしれません。

ひもときシート

A 課題の整理 I あなた（援助者）が共感している課題

事例における課題に対して、あなた自身が困っていること、負担に感じていることを具体的に記入してください。

- 声を荒げた時など、身体を揺さぶられたりすることに対して、どう対応したらよいかがわからない。
- 誰かに頭を叩かれたという訴えもあるが、うす暗闇のなかでの頭の痛みを訴えられる。
- 1人暮らしへの不安に起因するその時々の訴えが続き、1人暮らしに対する具体的な解決策が示せずに、居宅で働くのみの状態が続く。

B 考え得る対応方法

①あなたは本人にどんなふうに考えそうあるいは、取り組んではしいですか。

そのために、当面どのようなことに取り組んでいこうと考えていますか？あるいは、取り組んでいますか。

- 不安感を和らげる声かけを行う。
- 本人の訴えを傾聴する。
- 友人の訴えを相談し、落ち着くような関わり方、サービス導入などを検討することで本人の受容ができるようにしていく。
- 発言を否定しない。
- 耳を傾けることで、被害妄想に対する不安解消につながると考え、医師にも被害妄想について相談する。

②そのために、当面どのようなことに取り組んでいこうと考えていますか？あるいは、取り組んでいますか。

- 引き続き友人と関わりを持ってもらう。
- 事実は異なることを、本人自身を不安を受けずに対し伝え、どうしたら不安なく暮らせるかを本人から聞き出す。
- ものごとを否定せず、罵声や訴えに落ち着いて対応する。
- 1人暮らしが不安であれば、留守する先を決めておくことで、心の中での安心感を持ち続けていけるようにする。
- 認知症の理解の受診に対する不安を払い、医師に被害妄想について相談する。

1) 病気の影響や、飲んでいる薬の副作用について考えてみましょう。

- 転倒した時に頭を打っており、検査で異常はなかったが今も頭痛がある。
- 慢性腎機能障害、腰椎椎間板障害がある。
- 自尊神経失調症のため、座位を保持するための服薬がある。
- 内服薬：ラジレス（血圧を下げる）、カリウロキマイスリー（血管拡張）、コンパラ（鎮痛剤）、アリセプト。
- 薬の副作用による不安感、焦燥感が考えられる。
- 薬の副作用による不安感、焦燥感が考えられる。
- 認知症。
- 腎機能障害による疲労感。

2) 身体的痛み、運動、不眠・空腹などの不調による影響を考えてみましょう。

- 以前、階段で転倒し、腰と下肢に傷みがある。
- ふらつくことがある。
- 昼夜ジェスチャーまじえながら過ごしていることが多い。
- 食事はしっかり摂れている。
- 夜中に誰かに頭を叩かれたといって訴えが多い。
- 耳は聞こえていない。
- 介護職がカラオケで歌っていないかと思う、十分な声明を確認しない。
- 頭の痛みが続いており、痛みの部分を冷やすと落ち着く。

3) 思い込み・怒り・悲しみなどの精神的苦痛や性格等の心理的背景による影響を考えてみましょう。

- 長年保育士の仕事をしていたが、事故により50代半ばで退職した。
- 8年前1人で母親の介護をしてきたが、母親が亡くなってからは、時間にも時間にも拘束されない生活から解放され、自分の好きなようにしたいと思う反面、孤独や不安を感じている。
- 女1人の生活に不安を感じている。
- 特に夜が不安で、夜だけは初めての施設に入所しても入居して頂もうとも思ったが、「1人暮らしは自由になった」と感じている。
- 70歳を過ぎて、ようやく「自由になった」と感じて物忘れが多く空想による痛みの部分を冷やすと落ち着く。

4) 光・音・味・におい・要素等の五感への刺激や、環境等の関わり方や物理的な関わりについて、考えてみましょう。

- 一戸建てのため、人の気配がなく静かである。
- 使用している時計が１人暮らしには広く、冬場はひんやりしている。
- 耳は聞こえが遠い。
- 自宅周囲は比較的静かで、昼間は子どもの声等が聞こえるが、夜は静かである。
- 夜間は外灯があり、点滅は薄暗減少する。
- 夜間１人で過ごすことが不安なようで、不安解消のため、夜を１人で過ごすことは不安に思われる。

C 課題に関連して困っている場面（Aに記載した内容や、本人が口にしている言葉やしぐさ。例えば、行動・心理症状などを含む）

あなたが困っている場面について、言葉・表情・しぐさや助言を出しているままに書いてください。

「夜中に誰かが家の中に入ってきて、たたかれ、頭が痛い」と訴える。

5) 家族や援助者など、周囲の人の関わり方や態度による影響を考えてみましょう。

- 姉妹在住の妹がいる。月に2～3回訪問あり。
- 45年前から障害者施設に入所している妹とは、数か月に1回 施設の家族会に出席するときに会っている。
- 同じカルチャースクールに通う友人と交流がある（以前から親しくしている）。
- 知人には認知症の不安を続けていることを打ち明けている。
- 長年現住所に住んでいるため、昔からの友人がおり、連絡を取り合っている。
- 家の中のことで分からなくなると、知人が助けてくれる。

6) 住まい・器具・物品等の物理的環境の刺激や、アクティビティ能力とのズレについて考えてみましょう。

- 什器類の取り扱いが分からなくなり混乱する。
- 母親の遺品もあり、一戸建て１人暮らしでは部屋数が多いように思う。
- 生活に自信をなくしており、大きな声を出して訴えることが多い。
- 1人暮らしに対しての不安で大きな声を張りあげ、罵声を張りあげたりする。
- 家人に依存してない生活が、母親が介護してきたように、自分に自分で行きていくしかないと自分で自分の身の振り方を決めかねているという様子が見られる。
- 自分の思うように住宅生活を送るためにはどのようにすればよいかと自問自答している。
- 高齢であることと、実際に認知症のような状況のため、夜1人で過ごすことが不安になっている。

7) 要望・障害提示・能力の発揮など、現状とのズレについて考えてみましょう。

- 50代後半までは保育士として動めていたことにより、几帳面な性格がある。
- 各所作業での間違った方法が分からないとの実行機能障害がみられる。
- 短期記憶障害があり、浴用の操作や、以前はできていたピアノの演奏ができなくなっている（放心の有無）。
- ゴミ出しは自分ひとりでできているが、曜日を間違ってることに気付いて整理する。
- 家事は料理が好きだったため、自分でできる時は台所に立つ。
- 以前は何品か作っていたが、今は、時折、盛り付けは料理などがやっとである。
- 自分一人の食事は面倒がらず、惣菜で済ますことがある。
- 洗濯の取り込みはかごに入れるが、きれいに収納できている。

8) 生活歴・習慣・なじみの暮らし方のズレについて考えてみましょう。

- 婚経はないが、「結婚していれば夫がいっしょにいた」と何度も口にする。
- 仕事を辞めてからは母の介護をして、認知症の進行がみられる。
- 知人らも自分ひとりで生活を続けていくことになり、最近認知症の進行がみられる。
- 長く自分の時間が取れなかったと考え、ようやく自分の時間が取れるようになったが、階段からの転落をきっかけに退職し、その後半身の後で自分の食生活で食べている。

D 課題の背景や原因を整理してみましょう

思考展開エリアに記したした内容を使って、この課題の背景や原因を本人の立場から考えてみましょう。

- なぜたたかれるのかわからない。
- 頭が痛い。
- 友人との交流はあるが、1人になった時は全体に寂しい。
- 夜中に誰かに頭を叩かれて困っている。
- 1人暮らしで寂しく、不安があるが、物がなくなるため入って、留守番やそばにいる人にいて欲しい。
- 長年勤の仕事を介護をしてもらえること自分の暮らしぶりを認めてほしい。

E A課題の立場から課題の整理を考えてみましょう

課題の背景や原因の整理を踏まえ、あなたが「D 課題の背景や原因で」も考えたこと、つまり、課題のある人（本人）の周囲の人々に何をどのようなことが求められているのかについては、どのようなことがあなたには、ただと思いますか？

- 夜間に十分な睡眠がとれていない。
- 頭の痛みを訴えるが続いている。
- なぜ頭が痛いのか原因を知りたい。
- 1人暮らしに対する不安を取り除き、できるだけ自由のある暮らしを続けたい。

F 本人にとっての課題解決に向けて できそうなことやしてみることを書いていきましょう

このワークシートを通じて気になった本人の気持ちにそってどのようなことが本人にとって可能となっていくかを、再度の事実確認が必要なことや多面的な思考展開を行います。

- 話を聞く。
- 本人の気持ちに寄り添うことができれば、肩や背中をさすったり、手を触ったりして気持ちを和らげる。
- 本人の心身に対する不安に何か受け入れる。
- 部屋を明るくする。また、頭痛の診察や検査を受ける。
- 頭部に関して、医師に相談する。

STEP 1 評価的理解
援助者として感じている課題を、まずはあなたの視点から整理します。

STEP 2 分析的理解（思考展開エリア）
根本的な課題解決に向けて、多面的な事実の確認や情報を整理します。

STEP 3 共感的理解
本人の視点から課題解決を考えられるように、援助者の思考展開を行います。

第2章 周辺症状について考える　83

第2章のまとめ

　周辺症状はBPSD（behavioral and psychological symptoms of dementia）ともいい，中核症状に伴い，不安や心身のストレスが蓄積されて起こる二次的な症状です。具体的には，不安や焦燥感，抑鬱，興奮，攻撃的な状態，幻覚や被害的妄想などの「精神症状」，多動や繰り返し動作，異食・過食・拒食，引きこもり，徘徊などの「機能不全行動」，これらへの過度な反応として出現する不穏状態やせん妄，大声を出す，暴力，破壊的行為，自傷行為などがあげられます。

　過去に，周辺症状は問題行動と呼ばれたことがありました。介護者や援助者にとって好ましくない利用者の行動や言動を「問題」ととらえ抑制することが，利用者にとっては不適切な環境や対応であるために，さらに「問題」が大きくなるという悪循環がありました。利用者の立場で考えれば，「一つひとつの行動には全て意味や理由がある」という理解が必要です。そのため「問題行動」から「周辺症状」という呼び方に変わりました。

　利用者にとって意味や理由のある行動とは，利用者の混乱から生ずる「危機的な状況に対する訴え」であるという理解が前提です。たとえば「暴力行為」は，利用者が理解できない状況に対して混乱した結果，自らを守るための行動であるといえます。利用者本人が「悪いことをした感覚はなく，自分にとって意味のある行動である」と考えているのに，「それは危ない」と介護者から一方的に注意されれば「何を言っているのか」と怒りの感情が生じます。その結果，脅威と感じる言動をとる介護者から身を守ろうとする行動が，「暴力行為」と受け取られてしまうのです。

　徘徊や「家に帰りたい」という訴えは，便秘など自らの身体状況や不快の原因が分からず，適切に訴えられないことで生じる混乱や，周囲が理解してくれないことで困惑する状況から「ここは自分の居場所ではない」と感じることがきっかけです。

　周辺症状が激しくなることがあるなら，援助者の利用者と向かい合う姿勢が問われているのかもしれません。周辺症状の状態は我々の介護の質に左右されますし，利用者にとってよりよいケアが提供できているのかの指標ともいえるのです。

　認知症の利用者の行動や言動をサインやメッセージととらえ，意味や理由を探ることがその人らしさを支援し，可能性の発見や周辺症状や中核症状の緩和につながると考えられます。「利用者の不安や恐怖を介護者が共有し理解している」こと，「我々はここにいる」ことを言葉や態度で伝え，安心できる環境作りや関わりを持つという「寄り添うケア」として，一緒に考えることが求められているのではないでしょうか。

第3章

自立生活支援について考える

　自立生活支援とは「一人ひとりの利用者がその生活のあり方を自ら決定できるように支援すること」です。日常生活の自立を支援することが利用者の人格的な自立を促し，ひいては「尊厳の保持」や「個人の尊重」につながります。
　「自立」には，他からの支配を受けずに自分で判断したり存在する「自立」と他からの支配を受けずに自分自身の規範に従って行動する「自律」という2つの意味が含まれています。
　利用者の自立を促進する援助とは，どのような援助でしょうか。

1 過去の経験に寄り添う
――本人の良い時代の語りを傾聴し，一緒にできることを考える

1 ケース概要

事例の概要	女性，80歳。 物忘れが多く認知症がある。家事全般の能力が低下し，ガスの取り扱いなどに不安が出てきている。「デイサービスでお金を盗られた」と家中を探しまわり，物が散乱している。寂しいとの訴えが多く，ヘルパーが帰る準備をすると涙ぐむ。
家族状況	〈ジェノグラム〉　〈家族構成〉 独居。 長女：遠方に居住しているが，3日に1回程度，訪問している。 長男：他県在住。月に1回通院介助を行っている。
生活歴等	・ヘルパー業務に従事していた。地域のPTAや民生委員の仕事も行っていた。 ・交通事故で，足を骨折して一時寝たきりになったことがある。 経済状況：年金 住宅状況：一戸建て
心身の状況	認知症自立度　Ⅱb／寝たきり老人自立度　A1／要介護　2 〈主な病歴・疾患など〉 　狭心症，両膝関節症，骨粗鬆症，アルツハイマー型認知症 〈現在の治療状況〉 　月に1回，長男の介助により通院している。 〈服薬状況〉 　アリセプト 〈中核症状・行動・心理症状〉 ・短期記憶が低下している。 ・繰り返し，同じことを聞いたり，同じ話をしたりする。 ・不安や寂しさの訴えがあり涙ぐむことがある。

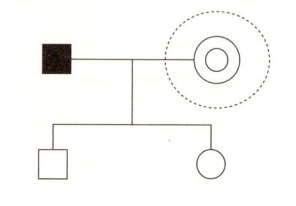

日常生活とコミュニケーション	〈ADL〉 寝返り・起き上がり・移乗・歩行：自立 入浴：週3回デイサービスを利用 食事・着脱・排泄：自立（パンツ式オムツ使用） 〈コミュニケーション〉 視力・聴力：普通 意思の伝達・決定：短期記憶が低下し，1人で判断しにくい。
訪問介護計画	〈本人の意向〉 　寂しいので，誰かが来てくれるとうれしい。 〈家族の意向〉 　介護サービスを利用してなんとか在宅で過ごせるようにしたい。 〈援助目標〉 　安心して在宅生活を送れるよう支援する。 　食事の確保ができるよう，買物，調理を行う。 〈援助内容〉 服薬：促し，確認を行う。 調理：昼食，夕食の準備を行う。炊飯器に1膳程度の御飯を常時用意する。 買物：冷蔵庫の食材を一緒に確認し買物を行う。 その他家事：デイサービスの準備を行い，指定の場所に置く。 〈週間スケジュール〉

	月	火	水	木	金	土	日
午前	デイサービス	訪問介護	デイサービス	訪問介護	訪問介護	デイサービス	訪問介護
午後	訪問介護	訪問介護	訪問介護	訪問介護	訪問介護	訪問介護	

〈訪問介護以外の支援・サービス〉
・医療機関：月1回通院している。
・家族親類：長女が3日に1回程度訪問している。
・地域：近隣との交流があり，時折訪問がある。

2　支援経過

日時	訪問経過	分析・考察・所感
12月3日	サービス提供責任者と担当ヘルパー2名で訪問する。同席の長女より「母は昔，ホームヘルパーをしていた」という話を聞く。ヘルパーが本人に「いろいろ教えてくださいね」と話すと，笑顔がみられる。	
12月5日	前日に長女が準備したデイサービスに持っていくかばんが部屋に置かれていた。本人で炊飯器の炊飯ボタンをセットしてあったが，「保温」ボタンが消されている。ヘルパーがご飯を一つずつ小分けにして冷凍保存をする。夕食後の薬を準備すると，本人がすぐに飲もうとするので「夕食後」と記入しておいた。	**Q1** 利用者への家族の対応に問題があるのではないか，と感じたときはどうすればいいですか？
1月6日	デイサービスの準備をしていると，本人が，かばんの中身が気になって，全て出してしまったり，財布の置き場所が分からなくなったりする。 どうしてもデイサービスの荷物が気になるようで，前日に荷物を準備していても結局かばんの中身を全部出してしまうことが続いている。長女の訪問があり，デイサービスの荷物のことを本人に注意していた。 デイサービスの迎えが来るまでに，本人と一緒に荷物の確認をしながら，準備を行った。	<u>長女が一つひとつの行動に対して注意しても，本人は何が原因で叱られているか分からない状況で，混乱がある。一つひとつの周辺症状の把握をする必要を感じる。</u>
2月7日	おかゆを鍋で温めた形跡があったので「ガスは使わないでください」と伝えると，「使った覚えも，食べた覚えもない」と言った後で「食べた」と言ったりするなど，混乱がある。	自分で行動したい意欲があるようで，自立生活支援をどのようにしていくのか，模索していきたい。
2月18日	訪問時，ベッドで横になって寝ている。「腰が痛くしんどい」とくり返し，いったん，居間まで這って移動したが，しんどいようなので，寝室で休んでもらった。食欲はあり，ほぼ完食していた。	1日の中で活動意欲に波があり，変化がある。状態を観察し，意欲をもってもらう働きかけを考える必要がある。
3月9日	ヘルパーが調理した味噌汁と煮魚を食べる。「これで明日，元気で起きられる」と話している。 自分がヘルパーをしていた頃の話を時折笑顔でする。	ヘルパーが訪問することで，安心感があるようで，これま

		こちらもいろいろ共感できることがあり，嬉しくなる。	での生活を語ることが多くなる。
3月12日		長女に「あちらこちら，触ってはいけない」と叱られて，泣いている。本人は「施設に入りたい」と話しているが，いつでも自宅に帰れると思っている様子。長女から「ヘルパーが調理したもので日付が古いものは捨ててほしい」と希望があった。	本人の1人暮らしに対する長女の不安が大きくなっているように思われる。精神的負担を解消できるように配慮する必要がある。
4月14日		本人が「1人暮らしは寂しい」と話すが，会話が進むと笑顔がみられる。帰り際，寂しさからか泣いているが，あいさつは，しっかりできている。	
4月19日		「何かしんどい。朝から何も食べていない」と話す。すぐに食事の準備をして食べてもらう。10秒前のことを忘れており，本人も<u>「もう訳がわからない。どうなっているのだろう」</u>と混乱がある。 **Q2** 認知症の利用者が，「何がなんだかわからない」など激しく混乱状態にあるとき，どう対応すれば落ち着いてもらえますか？	次の行動や，今行ったことの記憶が途切れている状態で，不安になり混乱している様子。 そのつど，話を聞き丁寧に説明し，安心してもらう必要を感じる。
4月23日		訪問すると，近所の人がかやくご飯を持って来ていた。本人は喜び，涙ぐんで同じ話をしている。 過去に地域の役員をしていたことや，ヘルパーの仕事の話をしたので，傾聴する。	地域役員をしてきたので，知人が多い。 知人から声をかけてもらうときは，よい表情である。地域で活躍してきた姿が想像できる。
4月30日		訪問すると電気もつけずに寝ている。声をかけると「ヘルパーさんか？」と，ヘルパーの訪問を喜んで，すぐに食事を完食した。表情もよく，たくさん話をする。いつもは食器の片付けはヘルパーが行っているが，今日は自分で食器を洗おうとしたので，本人と一緒に洗いものを行った。ヘルパーのやりがいの話を生き生きする。	本人とヘルパー時代の話をしたことで，少し意欲的になった様子を感じた。

第3章　自立生活支援について考える

5月1日	本人が「ここは家か」と尋ねるので、「家です」と答える。「ヘルパーはよい人ばかりで、よくしてもらっている」と話す。「昔ヘルパーとして頑張ってこられたから、私たちも頑張れるのですよ」とヘルパーが伝えると、涙ぐみ喜んだ。	

Q1 利用者への家族の対応に問題があるのではないか、と感じたときはどうすればいいですか？

A 　身近な家族にしてみれば、「なぜこんなことができないのか？」という気持ちから間違いを正すことや叱ってしまうことも考えられます。その場合本人は「なぜ叱られているのか」が分からないので叱られた感情だけが残ってしまい逆効果です。家族へのフォローとしては、日々介護されている家族の気持ちを尊重しヘルパーが良き相談相手になれることや、また家族の介護ストレスが高じている場合は、ケアマネジャーとも連携しながら、介護環境について調整する必要性を検討しましょう。

Q2 認知症の利用者が、「何がなんだかわからない」など激しく混乱状態にあるとき、どう対応すれば落ち着いてもらえますか？

A 　ゆっくりと話を聞き、ていねいな説明を行うことで、安心してもらえるよう心がけます。利用者の抱えている「自分が壊れていくような」不安や恐怖に共感し、自尊心を傷つけないよう、寄り添う態度で接します。「何ができなくなるのか」ではなく、「何ができるか」を重視した対応に焦点を当てましょう。

3 担当者の所感及び考察

サービス提供責任者より

●苦労したことや留意点など
- 何をしたらよいのか分からず，同じことをくり返し聞かれるので，冷蔵庫の中の整理や購入する品物を決めるなど一緒にできることを提案していく。
- 涙ぐみ，不安・寂しさの訴えがある。何についての不安なのかを傾聴して知るように努めた。
- 「探し物をしていた」とデイサービスの荷物などが散乱していた。本人にもかばんを別に持ってもらい準備を行ってもらう。
- 不安が大きい家族に対して，少しずつ理解してもらえるよう提案を行った。

●うまくいったことなど
- ヘルパーをしていた経験があり，「こちらが教えていただこう」という思いで対応したことで，本人と一緒にできることを考えられた。

▨ヘルパーより

●苦労したことや留意点など
・訪問中は安心している様子だが，サービス終了時には不安になり，「寂しい」という言葉があった。後ろ髪をひかれる思いがあった。
・いろいろなこと（物を紛失しているなど）を想定して訪問するようにしていたが，本人の感情の波があり，受容する姿勢を持ち対応することに苦労した。
・本人を1人にしておくことに対する家族の不安を解消する声かけや，アドバイスをしていくのに苦労した。

●疑問点や不安であったことなど
・なぜ，準備したデイサービスのかばんの中を広げて隠してしまうのか，本人の気持ちを理解しようと努めた。
・ヘルパー（他人）の存在を快く受け入れて，一時のコミュニケーションが保てていることで，サービスが継続できていたが，その理解ができなくなると，どうなってしまうのかという不安があった。

●うまくいったことなど
・本人がヘルパーをしていたことをきっかけに当時の話をしていくことで，生き生きとした表情になった。

4　事例のまとめ

　本人は，独居のさみしさ，不安を常々感じており，近所の差し入れで涙ぐんで感激したり，ヘルパー業務終了時には急に不安になり「さみしい」と漏らすなど，普段から人との触れ合いを求めているのがわかります。

　経過を見ると，本人はヘルパーをしていた時のことを語ると安定して笑顔がみられるようです。その場合は，話を聞いてくれる相手がいるという安心感が得られるだけでなく，話の内容を同業のヘルパーに聞いてもらえ，波長がよく合い，深い理解が得られるという感覚があるからだと思われます。

　ヘルパーは，訪問している間は，"不安で寂しい"という本人を"安心で楽しい"というスイッチに切り替えられるような働きかけが必要となります。それには，本事例ですでに実践されているように，本人の語りを傾聴すること，できることは一緒に行うこと等を心がけることが必要です。

　本人は，過去に長らく地域の役員をしてきており，人間関係が広く良好で，知人も多く，協調性も高い。しかも本人自身から「施設に入りたい」（ただしいつでも自宅に帰れる環境が前提）との訴えもある。現実的に本人の意向もふまえれば，居宅サービスと施設（通所）サービスの比率を徐々に施設サービスに比重を移し，将来的には小集団（例えば，地域密着型サービスの小規模多機能型居宅介護や認知症対応型グループホームなど）で過ごせるような環境に変えた方がよいのかもしれません。

　ヘルパーは，継続して利用者の日々の生活に関わることにより，その中から，本人のありのままの姿や本音を引き出すことができます。認知症高齢者は，自分の意向を上手く表現できない状態におかれていることがほとんであり，本人の意向を察し，代弁することの可能なヘルパー（サービス提供責任者）は，家族，ケアマネジャー，サービス担当者に対し，客観的な視点と分析により伝えていくことが大切だと思います。

2 助けはいらない
―― 援助が必要な状況下で相次ぐ訪問キャンセルにどう対応するか

1　ケース概要

事例の概要	女性，81歳。 　以前は精神的に不安定になり混乱し，被害妄想が強い時期があったが，現在は落ち着いている。ADLは概ね自立しているが，物忘れや精神状態に波があり，生活に影響が出ている。 　主治医に対する「不信感」があり，定期的な通院ができていない。また，本人が服薬管理を行っているが，しっかりした管理ができているのか分からない。生活状況を把握することが難しい。 　週2回のヘルパー訪問で，買物・掃除・調理を一緒に行いながら，本人の話を傾聴している。「体調が悪い」「膝が痛い」などの訴えにより，一緒に家事を行えない日が増え，ヘルパー訪問のキャンセルが多く必要な援助が行えなくなっている。
家族状況	〈ジェノグラム〉　　　　〈家族構成〉 　　　　　　　　　　　　独居。婚歴なし 　　　　　　　　　　　　姉は遠方に住んでいる。
生活歴等	・他県で生まれ育ち，両親，姉と暮らしていた。姉は遠方へ嫁いだため，本人が60代半ばまで両親の介護を行い，最期を看取った。その数年後に生家を引き払い現住居へ転居し，1人暮らしとなる。 ・転居後は，民謡や手芸のサークルに参加していたことがある。 ・就労経験はなく，家事手伝いをしていた。 経済状況：年金 住宅状況：集合住宅
心身の状況	認知症自立度　Ⅱa／寝たきり老人自立度　J1／要介護　2 〈主な病歴・疾患など〉 　高血圧，膝関節症，アルツハイマー型認知症 〈現在の治療状況〉 　月に1回程度，老年内科を受診している。主治医に対する「不信感」があり，定期的な内科受診ができていない。

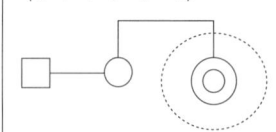

	〈服薬状況〉 　睡眠導入剤以外の薬は体にあわないと拒否をする。服薬は自己管理のため，ヘルパーが確認することはなく，服用できているか分からない。 〈中核症状・行動・心理症状〉 ・「サークルの仲間から嫌われている」「私には話しかけてくれない」などの被害妄想的な発言がある。 ・冷蔵庫の中や台所に，焦げた鍋がある。 ・精神状態に波がある。頭痛やふらつきの訴え，意欲低下が見られる。 ・理解力の低下が見られる。
日常生活とコミュニケーション	〈ADL〉 寝返り・起き上がり・移乗：自立 歩行：自立しているが，転倒することがある。 入浴・食事・着脱・排泄：自立 〈コミュニケーション〉 視力・聴力：問題なし 意思の伝達・決定：記憶力・理解力の低下が見られる。1人では物事が決められず，時間を要する。
訪問介護計画	〈本人の意向〉 　1人暮らしのため不安が大きい。1人ではできないことがあるので，安全に家事が行えるよう，誰かがそばについてほしい。日により，しんどい時があるので，臨機応変に対応してほしい。 〈援助目標〉 ・居室が清潔に整えられるように，一緒に掃除・片付け・洗濯などを行う。 ・調理の下ごしらえ・買物を行う。調理は声かけしながら一緒に行う。 〈援助内容〉 買物：本人が事前に作成した買物リストをもとに，冷蔵庫を確認して購入する。 調理：献立を一緒に考え，下準備を中心に一緒に行う。 掃除：掃除機がけや床拭き，浴室掃除などを，時間的に可能な範囲で一緒に行う。 その他介助：本人と一緒に，調理や室内の片付けを行う。希望時には買物介助を行う。

〈週間スケジュール〉

	月	火	水	木	金	土	日
午前							
午後	訪問介護				訪問介護		

〈訪問介護以外の支援・サービス〉

・医療機関：通院以外の関わりはない。

・家族親類：姉夫婦が不定期で訪問し，時々本人宅に泊まっている。本人の話を聞き，助言を行っている。

2 支援経過

日時	訪問経過	分析・考察・所感
5月25日	新しい担当ヘルパーに援助内容の引き継ぎを行う。掃除や調理を一緒にしてもらうよう心がけるが，以前の転倒により，動くたびに膝痛の訴えがある。「膝が痛く体調も悪いので，掃除はできない」と言い，一緒に行ってもらえなかった。 　訪問中「私がしっかりしていないから，いつも姉に怒られる」と言い，気分の落ち込みが見られた。	自らの思いをはっきり伝える反面「自分がしっかりしていない」ということを気にしている様子がうかがえる。
5月28日	明日姉が来るので，本日のヘルパーに衣類の整理や掃除を手伝ってほしいとのこと。また，明日以降はヘルパーをキャンセルしてほしいと本人より電話あり。	突然の姉の訪問に少し混乱しており「明日までになんとかしたい」と強く希望している。
6月15日	ヘルパー派遣について本人に電話で確認すると，「まだ休んでほしい。必要な時は，こちらから連絡する」とのこと。	電話でのやり取りだが，本人の拒否的な態度を感じる。
6月21日	本人から連絡があり，7月2日よりヘルパー派遣を再開してほしいとケアマネジャーから連絡がある。	
7月2日	ヘルパーが訪問すると「先週は友達が来た」と笑顔で話していた。膝痛の訴えがあるが，台所の洗い物や掃除などは一緒に行えた。	身体の不調があっても，精神的に安定していると，一緒に家事を行えている。本人の精神面に配慮して促しを行う必要がある。
7月5日	明日のヘルパーはキャンセルしてほしいと本人より電話あり。	
7月17日	7月20日はヘルパーをキャンセルしてほしいと本人より電話あり。	
8月6日	1週間ほど前に頭部左側を打った。また，右頬辺りに痛みがあり辛いとのこと。受診を勧めると，拒否はしないが，別の話題に変えようとしている。 　短時間だがヘルパーと一緒に調理をすると，居間で座り込んでしまう。	

8月10日	8月17日,21日のヘルパーはキャンセルしてほしいと本人より電話あり。	
8月12日	ヘルパーが訪問すると「やる気がしない」と話していたが,流し台には洗い終えた食器がふせてあった。「調理を一緒にしましょう」と声かけするが「しんどくてできない」と返事する。下ごしらえをしていると,そばに来て,先日通院した話などを始めた。 **Q3** 計画では家事等一緒にすることになっているが,利用者が「したくない」という場合どうすればいいでしょうか？	話を聞くと安心するのか,体調不良の訴えがなく落ち着いた様子である。引き続き,援助中は本人の話を傾聴し,信頼関係を作っていきたい。
9月6日	9月7日,10日のヘルパーはキャンセルしてほしいと本人より電話あり。	
9月16日	明日のヘルパーはキャンセルしてほしいと本人より電話あり。	
9月20日	本人から連絡があり,9月21日のヘルパーのキャンセルと,今後,金曜日のヘルパーの訪問を土曜日に変更してほしいとケアマネジャーより連絡あり。土曜日は一緒に行うのではなく,ヘルパー単独で掃除の支援を行うことにする。 　調理援助の際,冷蔵庫内を確認すると,腐った野菜が大量に入っていた。本人に処分を促すが,「昨日届けてもらったので,まだ大丈夫」と聞き入れてもらえなかった。	いつ購入したものかを忘れていたり,食材が腐っていることに気づかなかったりしており,認知症の症状が進行しているように感じられる。家事を1人で行うことが厳しくなってきていると考えられる。
10月1日	〈引継同行〉 　訪問日が土曜日に変更となり,新しいヘルパーに引き継ぎを行う。 　10月1日,8日,12日,15日はヘルパーをキャンセルしたいとのこと。	
10月30日	「衣替えをしたいので,来週ぐらいに来てほしい」と本人より電話あり。	
11月7日	本人と一緒に衣替えを行う。いつもとは違い,自ら指示を出していた。季節ごとに収納されておらず,どこに	誰かに言われて動くのではなく,自ら

	何が入っているのか分からない状態である。	したいと思うことは進んで実施している。本人の意欲を引き出すことが難しい。
11月14日	本人から連絡があり，土曜日のヘルパー派遣は中止し，以前のように金曜日を希望しているとケアマネジャーより電話あり。 →土曜日は掃除の支援を行っていたが，曜日によって援助内容が異なることを理解できず，本人が混乱している状態である。今後は援助内容を統一することとなる。 **Q4** 曜日によって援助内容や援助者が異なることで利用者が混乱しています。どのように対応すればよいでしょうか？	本人の生活リズムや習慣に対しての配慮が必要であると感じた。認知症の進行に伴い，変化などに対応しにくくなってきていると考えられるため，サービス組み立ての時は気をつけたい。

3　担当者の所感及び考察

■サービス提供責任者より
●苦労したことや留意点など
・ヘルパー訪問のキャンセルが多く，十分な援助が行えない。
・気分の落ち込みや体調不調の訴えがあると，家事を一緒に行えないことが多いが，できるだけ本人の話を聞き，気分を改めてもらうよう工夫した。

●疑問点や不安であったことなど
・冷蔵庫の中は，生ものや野菜などが詰め込まれた状態で，何を作っているのか，確実に食事ができているのか分からない。
・台所は，焦げた鍋や洗い物，野菜などで一杯の状態だが，キャンセルが続いた後に訪問しても，状態が悪化していないため，ある程度は自分で片付けられていると思われる。気分や体調の波によるものなのか分からない。

●うまくいったことなど
・民謡や手芸の話をすると会話が広がり，思い出話を聞くこともできた。

●その他
・本人の精神状態や体調にあわせて，本人と一緒にすること，ヘルパー単独ですることを分けて考える必要があると感じた。
・ヘルパー訪問をキャンセルすることで，住環境の衛生状態は保持できていないが，本人は困っていない様子。援助者側が必要と感じるサービスを無理に提供することで，さらに本人の精神状態を悪化させているのかもしれない。

■ヘルパーより
●苦労したことや留意点など
・買物はどの店で購入するかのこだわりが強く，購入品を決めるのに時間がかかり，援助時間が足りなくなることがあった。
・腐っている物を「食べる」と言い，聞き入れてもらえない時がある。

●疑問点や不安であったことなど
・食事がきちんと摂れているのか不明である。
・「腐った臭いがするから処分しましょう」と声をかけ，捨てようとすると，冷蔵庫にしまい込むことがあったため，食中毒などを起こさないか心配だった。

●うまくいったことなど
・本人がヘルパーの後ろを離れないことがあったので，人恋しいのかと思い，話を聞きながら一緒に家事をするようにしてきた。会話の中で本人への促しを行い，役割分担をすることで，一緒に援助を行えた。

●その他
・家事を一緒に行えるように，声かけをしながら援助を進めてきたが，本人の思いを尊重せず，こちらのペースで動いてもらう場面があったのではないかと反省している。時間をかけて本人の話を聞くことも必要ではないかと感じた。

Q3 計画では家事等一緒にすることになっているが，利用者が「したくない」という場合どうすればいいでしょうか？

A 「一緒に行う」のは，利用者が自分の役割を見出し，生活に対する意欲を高めたり，密なコミュニケーションで生活歴を喚起したりすることで，ADLの維持とQOLの向上を目指すためですが，いきなりサービスを開始するとコミュニケーションが疎かになり，「したくない」気持ちにつながることがあります。サービス提供前に心身の不調や生活上の不安など日常生活の様子を傾聴し，気持ちが落ち着くのを待ってみましょう。

Q4 曜日によって援助内容や援助者が異なることで利用者が混乱しています。どのように対応すればよいでしょうか？

A 事例のとおり，利用者の生活習慣やリズムに合わせた援助内容に統一することで，混乱の少ないサービス提供ができるかと思います。認知症の進行に応じた対応のために，随時，訪問介護計画を見直す可能性を念頭に置きましょう。その場の対応としては，訴えを傾聴し，信頼関係の程度により，手や肩，背中に触れたりすることも有効です。

第3章　自立生活支援について考える

4　事例のまとめ

　本人は，ヘルパー訪問を頻繁にキャンセルしていますが，ヘルパーとの関係がうまくいっていない訳ではなく，また訪問がなかったことにより，衛生状態は保持できていませんが，本人がとりわけ困っている様子もありません。本人にとってのキャンセルは，自分の生活で差し迫って困っていることはないとの意思表明かもしれません。

　この利用者の場合，キャンセルをはっきりと申し出ることができ，意思をしっかりと打ち出せるので，信頼関係を築くには本人の意向に沿うこと，具体的にはまずは本人の言う通りにやってみることが必要と思われます。そこから，少しずつ安心感をもってもらい信頼関係を積み上げることが肝要と思われます。ヘルパーは，何よりも本人の生活に溶け込み，その生活ペースに合わせ，本人の体調が良い時は，一緒に掃除，片付け，調理等家事を行い，体調がすぐれないときは，ヘルパーが単独にて家事を行うことで，本人に安心してもらうことが大切ではないでしょうか。

　本人の経過をみると，物忘れが激しくなる等，徐々に認知症の症状は進んでいます。このままでは早い段階で本人の日常生活のリズムが壊れないとも限りません。本人が安心して在宅で生活が継続できるようにするためにも，ヘルパーとしては，確実に定期的な援助を行う必要があります。それには，本人からの申し出によるキャンセルを減らすか，キャンセルがあっても訪問し受け入れてもらえるような働きかけも必要になってきているようにも思われます。早急にサービス提供責任者からケアマネジャーに相談し，サービス担当者会議等で対策を調整することが求められます。

3　自尊心を守る
――本人の行動ではなく感情に寄り添いながらの援助

1　ケース概要

事例の概要	女性，80歳。 「財布がない」と探し回るなどの物忘れが見られたので，神経内科を受診したところ，アルツハイマー型認知症と診断を受け，服薬治療が開始となる。 独居のため，どの程度自分でできているか不明であるが，服薬管理，家事全般ができていないのではないかとの家族の意見があり，食事確保，服薬確認でヘルパー訪問開始となる。 本人は「何でも1人でできます」との思いが強い。
家族状況	〈ジェノグラム〉　　　〈家族構成〉 　　　　　　　　　　　独居。 　　　　　　　　　　　長男：他県在住。 　　　　　　　　　　　次男夫婦：他県在住。三男の妻との連携あり。 　　　　　　　　　　　三男夫婦：近隣在住。三男の妻が主たる介護者である。
生活歴等	結婚後，専業主婦として3人の子を育てた。コーラスや園芸が趣味で，サークルに40年間通っていた。 経済状況：年金 住宅状況：一戸建て
心身の状況	認知症自立度　Ⅱb／寝たきり老人自立度　A1／要介護　2 〈主な病歴・疾患など〉 　アルツハイマー型認知症 〈現在の治療状況〉 　神経内科に月に1回受診（三男の妻と一緒に通院している） 〈服薬状況〉 　アリセプト（1日1回） 〈中核症状・行動・心理症状〉 ・40年間，コーラスに通っていたが，時間が守れない，準備ができないなどのトラブルが続いたため中止した。

	・利用日以外にデイサービスに行こうとして道に迷い，通行人に助けてもらった経緯がある。 ・家族が訪問すると本人が不在の時がある。「デイサービスに行っていた」「先生に会いに行っていた」との理由で外出することがあったが，家に帰れず近所の方に助けてもらった経緯がある。
日常生活とコミュニケーション	〈ADL〉 寝返り・起き上がり・移乗・歩行：自立 入浴：週２回デイサービスで対応している。本人は「家で入浴している」とのことだが，入浴した様子が見られず不明である。 食事：自立 着脱：身体的には自立だが，同じ服装のことが多い。 排泄：自立 〈コミュニケーション〉 視力・聴力：普通 意思の伝達・決定：記憶保持能力が低下し，同じ話を繰り返す。
訪問介護計画	〈本人の意向〉 　１人だと不安があり食事の準備が面倒と感じる時がある。 〈家族（次男・三男の妻）の意向〉 　自分で洗濯・掃除・着がえができるようになってほしい。 〈援助目標〉 ・本人が困難な調理・掃除・服薬確認を一緒に行うことで生活環境が整うように支援する。 ・買物介助を行い，必要な食材を確保し安心した在宅生活が継続できるよう支援する。 〈援助内容〉 調理：冷蔵庫にある食材で，２，３品を一緒に作る。 掃除：居室・寝室・台所の掃除機かけ，拭き掃除・整理整頓・トイレ掃除を一緒に行う。 その他家事：ホワイトボードに当日の日付，外出予定なしとの記入をし，本人と相談して買物リストを作成する。 服薬介助：朝食後の服薬確認，または促しを行う。 買物介助：歩行器使用。１週間分の食材を中心に購入する。

〈週間スケジュール〉

	月	火	水	木	金	土	日
午前	デイサービス	訪問介護	デイサービス	訪問介護	デイサービス	訪問介護	
午後							

〈訪問介護以外の支援・サービス〉
・デイサービス（月曜・水曜・金曜）
・福祉用具貸与
・家族親類：三男の妻が通院介助，薬カレンダーに分包している。次男の妻が三男の妻と連絡をとり，協力しあっている。

2　支援経過

日時	訪問経過	分析・考察・所感
10月4日	イライラしていたのか，いつもと様子が異なっている。「ご飯を食べましたか，掃除しましょうか」等の問いかけに対して「うるさいなあ」「自分でしています」との反応。様子を伺い，本人が作っている縫い物に対して「上手くできていますね」と言葉かけすると笑顔が見られる。	その日の本人の体調により，気持ちの変動が見られる。同じ問いかけに対して，反応が様々である。本人とのコミュニケーション，タイミング（場面を変えること）を大切に支援することを心がけていく。
10月5日	訪問すると，朝食を終え，洗濯機を回した状態である。本人に洗濯干しをお願いすると，「自分ではどうしたらよいのか分からない」と言われる。作業を一つずつ本人に伝え一緒に行う。終了時，「人間らしく話してもらってありがとう」と涙される。	ヘルパー訪問当初から，本人は「私，『アルちゃん』なの」と認知症である自らの話をしていた。「分からない」との訴えがある時は一つずつ順序立てて説明する必要がある。

			「認知症の人（○○さん）」ではなく、「○○さんという人（認知症の）」と捉えていることでこちらの話す言葉が変わってくることを本人も感じていると考えられる。
10月25日		笑顔でいろいろ話をする。「一緒にしましょうか」という声かけで、デイサービスの準備を2人で行う。	言葉かけをして、一緒に動いてもらう。日頃のコミュニケーションを大切にして築かれた関係で実践できていると評価できる。
10月27日		本人から「洗濯はいつも手洗いです」と言われ、自分で手洗いし、干している。ヘルパーが調理の仕上げをしている時は、横で見ている。	同じ服でも、洗濯機を使用したり、手洗いしたりする時が出てきた。そのつど、本人の訴えに合わせていく。
11月5日		訪問するとイヤリングをして、ヘルパーを待っている。「おしゃれを楽しんでいる」とのこと。買物介助時、店内で、試食することがあるが、自ら購入したい物の訴えはない。1週間分の食材を購入するが「いつもこんなにたくさん買っている」とひとりごとのように声を荒げている。	ヘルパー訪問当初から変わらず、化粧、服装といった身だしなみをきちんとしている。本人は自分で小まめに買物や毎日の調理をしてきたので、1週間分のまとめ買いに対する理解が難しいと思われる。毎回説明し、必要性を伝えていくことに努める。

11月17日	洗濯がまだだったので，調理をしている間に本人にお願いする。洗濯ができていなかったことに対して「忘れることや，覚えられないことが多くなった」と。こちらが言葉かけする旨を伝えると安心した様子。	忘れること，覚えられないことに不安を抱いている。不安を少しでも取り除き，安心してもらうよう日頃からの言葉かけを徹底する。その後，ヘルパー退去時に本人から「また来てね。忘れないでね」との言葉がある。ヘルパーの必要性を感じているのではないかと考える。
	Q5 認知症の利用者から「何でも忘れてしまう」など不安な様子で言われたとき，どう対応すればいいですか？	
11月22日	訪問すると，朝食を済ませ洗濯物も干された状態。訪問中は，自ら居室や台所の整理整頓をしている。	訪問前に，朝食・洗濯を終え，訪問中に整理整頓をするというリズムができてきたように思われる。状態が安定していることをヘルパーと確認する。
11月29日	買物介助してもらっているが，1週間分の材料が購入できていないと三男の妻から電話がある。	家族に迅速な報告ができていないことを反省する。まとめ買いを本人が拒否していることを家族に説明し了解を得る。どうすればまとめて購入できるか検討中である旨を伝える。
12月3日	買物介助時，「今日も買いすぎです」と本人から注意を受ける。「この量だと1週間では足りない」旨を説明すると，「1週間分も買う必要はない。なくなれば自分で買いに行きます」と。購入後，残金150円になり「どうしよう」と不安がっている。	お金のことを気にしていることがうかがえる。家族と金銭管理の方法を相談し本人の不安要素を一

			つずつ取り除くことに努める。
12月27日	今月は自分で朝食を済ませ，洗濯を終え，居室・台所の整理整頓をしていたが，本日は台所が散らかっている状態である。本人の気分の浮き沈みが激しく感じられたので，話を聞きコミュニケーションを図る。		本人の体調の変動が見られる。「掃除しましょうか」との問いかけに対して「何で」と声を荒げる場面が見られるようになる。家政婦を雇っていたことを本人から聞き取ることで，言葉かけの方法を「しましょうか」から「お願いしてもいいですか」「手伝ってもらえますか」に変更し促していく。
1月10日	調理中，本人がヘルパーの作業をそばで見ている。洗濯物干しを聞くと「今日は干した」と。2階の寝室の掃除の時に確認すると，本人が手洗いした洗濯物が絞っていない状態で干されていた。	**Q6** 利用者本人はできているということが，できていないとき，本人に指摘するべきですか？　どう対応すればいいですか？	絞っていない状態の洗濯物が干されていることが多く見られるようになる。本人に伝えるのではなく，その後ヘルパーでフォローしていく。絞る力が低下しているという身体面なのか，絞る行為を忘れているのかは不明なので，様子をみていくこととする。
1月12日	訪問活動中に，本人がデイサービスの準備を2回していた。2回目の紙袋に入れた下着はヘルパーがタンスに戻しておく。		本人がしていることに対して，ヘルパーはフォローに徹する。体調に変動が見られる時期でもあるので「もう準備でき

			ていますよ」と本人に認識してもらい，できることをやってもらう方がよいと考える。
1月14日		12月24日に購入した5kgの米がなくなっていたので急きょ買物へ行く。買物先の店内で本人が「買い過ぎです。1人なので，そんなに買わなくていい」と大きな声を出している。	ヘルパーが調理した食事を全てその日に食べていることもあった。認知症による満腹中枢の障害と考えられる。認知症の進行がうかがえる。

3 担当者の所感及び考察

■サービス提供責任者より
●苦労したことや留意点など
・自尊心を傷つけないように，本人の立場に立って話すことを心掛けている。援助が必要な掃除や買物に対して，「1人でしている」との本人の訴えを受け止めながら，タイミングをみて本人に促すことに苦慮した。

●疑問点や不安であったことなど
・ヘルパーの訪問時間以外の生活状況が不明で，日中どのように過ごしているのか不安に感じた。そのため訪問時に気づいたことは，ヘルパー，ケアマネジャーと適宜情報を共有することに努めた。

●うまくいったことなど
・ヘルパー訪問時は毎回「お世話になっております」と言われ，ヘルパーとの関係は良好であった。当初はヘルパーの訪問を「自分のできる事を奪われている」と拒否されないか懸念したが，ヘルパーが言葉かけを工夫したことで受け入れてもらえた。

■ヘルパーより
●苦労したことや留意点など
・言葉の一つひとつに敏感に反応があり，同じ立場で促すと「なぜ，そんなことを言うのか。しているでしょう」と口調が変わるので，こちらの話し方に注意をしなければならない。相手は人生の先輩なので，敬う気持ちを忘れてはいけないと改めて思った。体調によって変動が見られるので，その日の状態を把握するためにも訪問活動中のコミュニケーションの時間を大切にしている。
・本人が「ごめんなさい，ありがとう」とたびたび，家族に話している。家族が帰った後は「（自分が家族から）ボケ扱いされているのが分かる」と話していたことから，家族に気を遣い，孤立感を感じているのではないかと思われる。そのため，ヘルパーが訪問中は「素のまま」でいられるよう，言葉を大切にして関わるように心がけている。
・買物介助中の店内で，大きな声で「たくさん買い過ぎです。格好悪い」と言われ，他の客から「どう思われているのだろう」と思いながらの本人への説明に苦労した。

●うまくいったことなど
・「人間らしく話してもらってありがとう」といわれた時は，本人に気持ちが伝わっているのかなとうれしく思えた。
・本人宅に忘れ物をした時に，本人から事業所に「ヘルパーさんが忘れ物している」と電話があり，それ以降の「忘れ物はないか，鞄に入れたか」と毎回確認されるようになった。電話の取り方が分からなくなっていた時期にもかかわらず，ヘルパーのことを気にかけ，事業所に電話連絡をしたことについて，ヘルパーとの信頼関係が築けて

いると感じられた。

| Q5 | 認知症の利用者から「何でも忘れてしまう」など不安な様子で言われたとき，どう対応すればいいですか？ |

| A | 「こんなことも，できなくなってしまった」という自信喪失から「これからどうなっていくのか」という不安で，自分が情けないという気持ちになっています。家族に迷惑をかけたくないと思い，誰にも相談できずに起こっている状態ともいえます。そのため物忘れの進行を否定的にとらえるのではなく，認知症という病気の症状の一つと理解し，本人ができることを把握し，不安に対する共感の姿勢が求められます。 |

| Q6 | 利用者本人はできているということが，できていないとき，本人に指摘するべきですか？　どう対応すればいいですか？ |

| A | 本人は「自分で洗濯できる」という気持ちをもっています。「できていないこと」を直接指摘すると本人に「できていない」ことを認識させてしまうことになり，本人の役割を奪ってしまうことにも繋がります。本人の現在できていることを見つけ，ねぎらう等支持的に関わることが望ましいと思います。 |

ひもときシートから実際の事例を分析する

「③自尊心を守る」をひもとき

STEP1　評価的理解（援助者として感じている課題を，援助者の視点で評価）

　援助者が必要と感じる支援に対して，本人は「うるさい。自分でしている」と言い，支援の受け入れが難しい状況です。援助者からの受け入れを促しても，本人が「何でも1人でできますよ」と固辞するので，どうすれば支援を受け入れてもらえるのかという援助者の悩みが挙げられています。援助者は，本人が「できていない部分」をヘルパーと一緒にするなどの支援を受け入れてほしいと望んでいます。

STEP2　分析的理解（思考展開エリア）

　生活援助全般や服薬など身の回りのことに支援が必要な状態だが「何でも1人でできますよ」という訴えについて8つの視点でひもときます。

　1），2）からアリセプトの服用量や回数が適切かどうか，睡眠・排泄・水分補給の実態把握が必要です。独居生活で本人の1日の生活のリズムが見えない中で，体重増加による心身への悪影響，たとえば，行動することが億劫になるといった気力低下などがあるのではないかということが考えられます。

　3），4），5）では「家族との関わり方」に関して，重複するキーワードとして読み取れます。「3人の息子との関わり」がなく，家の中は家族の「におい」がない。家族からは「ボケ扱いされている」と話すなど，本人が疎外感のようなものを抱いているのではないかと推測できます。また「私，アルちゃんなの」と自分自身の病状を理解できていることを踏まえると，家族に「ボケ扱いされている」ことが，本人にとって精神的な影響が大きいことがうかがえます。認知症が進行していても「感情」は残っています。援助者は本人の「感情」に関わる気持ちをくみ取り，「感情」に寄り添う言葉かけや行動を心掛けることが大切です。

　7），8）では，「主婦」であることに焦点を当てています。「主婦としての経験があるのに，余計なことをされている」「自分のできることを奪われている」という本人の思いと現状とのズレが生じています。専業主婦として何十年も生活してきた「主婦としての自負」が，「何でも1人でできる」という要因の一つになっているように見受けられます。

STEP3　共感的理解

　「この先，自分がどうなっていくのか」という不安を本人の立場に立って考えていきます。本人は「主婦としての自負」があるのにもかかわらず「思うようにできない自分

に対してのもどかしさ」を感じているのではないでしょうか。「1人の人間として『ボケ扱い』せずに接してほしい」ことを望みながら，不安ともどかしさで，いらいらしたり，自分でもどうしたらいいのかが分からず困っていたりしていると考えられます。

　「援助者の悩み」と「本人の困りごと」は表裏一体ともいえますが，援助者の悩みに焦点を当てるのではなく，本人の立場で本人の困りごとに焦点を当てることが，よりよい援助方法への近道です。

　Fでは，「主婦としての自負」を尊重した言葉かけを行ったり，「自分でできている」という本人の気持ちを理解し，「できていること」に重点を置いたりした援助とする提案がなされています。また，家族に認知症に対する正しい理解を促し，食事を一緒にとるなど家族と一緒の時間をつくることで，精神的な安定につなげるということも一つの方法です。

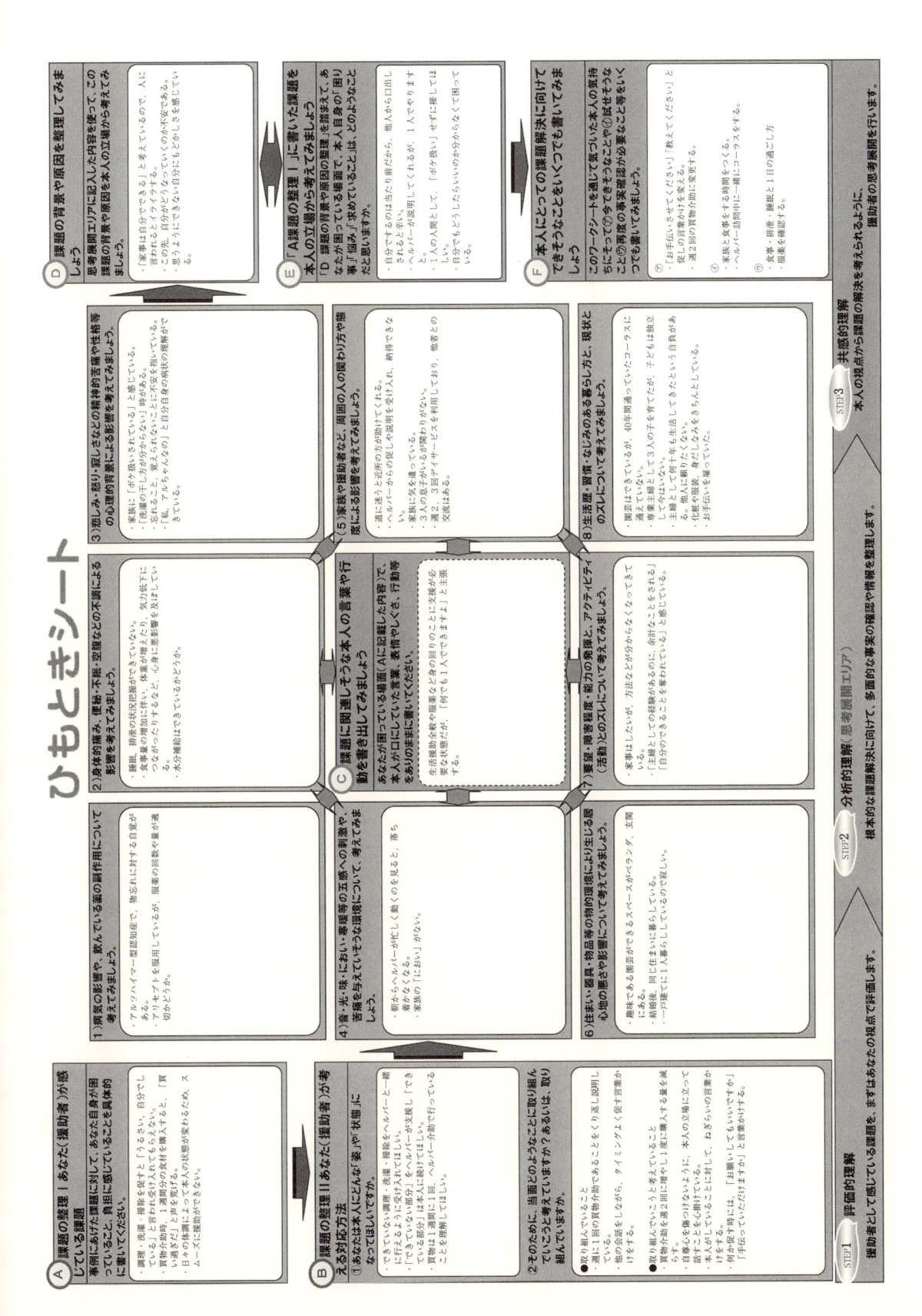

ひもときシート

A 課題の整理 I　あなた（援助者）が感じている課題

事例にあげた課題に対して、あなた自身が困っていること、負担に感じていることを具体的に記してください。

- 調理、洗濯、掃除を促すが、自分でしていると言い受け入れてもらえない。「買い物以外」は本人に頼みたい。
- 買物の回数が増えている。
- 日々の体調によって本人の状態が変わるため、スムーズに援助できない。

B 考え方の整理 II（援助者）が考える対応方法

1. あなたは本人にどんな支援や態度で接していますか。

- 取り組んでいること
  - できるだけヘルパーと一緒に行えるように声かけをしている。
  - 他の会話もしながら、タイミングよく促し言葉をかける。
  - 買物が増えていることと、1回で買物が済むように繰り返し説明している。

2. そのために、当面どのようなことに取り組んでいこうと考えていますか。あるいは、取り組んでいますか。

- 取り組み始めた時には、「お願いしてもいいですか」「手伝っていただけますか」と言葉かけする。
- 自分で片付けられること、本人の立場に立って話しかけている。
- 買い物の量を、週2回に増やして1度に渡する量を減らす。
- 何か手助けが必要なことに対して、ねぎらいの言葉をかける。

1 疾患の影響や、飲んでいる薬の副作用について考えてみましょう。

- アルツハイマー型認知症があり、物忘れに対する自覚がある。
- アリセプトは服用しているが、服薬の回数や薬の適切な服用はできない。

2 身体的痛み、便秘、不眠、空腹などの不調による影響を考えてみましょう。

- 排便、排尿の状況は把握できていない。
- 食事量の増加に伴い、体重が増えている。食事をしたことを忘れてしまうこともあり、心身に影響を及ぼしている。
- 水分補給はできているかどうか。

3 悲しみ・怒り・寂しさなどの精神的な苦痛や性格などの心理的背景による影響を考えてみましょう。

- 家族に「ボケ扱いされている」と感じている。
- 洗濯物の干し方がわからない時がある。
- 忘れてしまうことに対しても不安を抱いている。
- つい感情的になると、心身に悪影響を及ぼしている。
- 「私、アルツハイマーなの」と自分自身の状態の理解ができている。

4 音・光・味・におい等の五感への刺激や、苦痛を与えていそうな環境について、考えてみましょう。

- 朝からヘルパーが忙しく動くのを見ると、落ち着かなくなる。
- 家族の「だから」という言い方。

C 課題に関連して困っていそうな本人の言葉や助けを書き出してみましょう。

あなたが困っていることや、周囲の人の助けを書き出して、本人が口にしている言葉や、表情やしぐさを例のままに置いてください。

生活援助全般が困難だが、「何でも1人でできるます」と主張する状態。

5 家族や周囲の人など、周囲の人の関わり方や態度による影響を考えてみましょう。

- 道に迷うと近所の方が助けてくれる。
- ヘルパーからの促しや説明を受け止める。
- 家族に気を遣っている。
- 3人の息子がいるが関わりがない。
- 1人暮らしとして、他者との交流はある。

6 住まい・器具・物品等の物的な環境、能力とのズレなどの影響について考えてみましょう。

- 趣味である関心が少なくなっている。
- 結婚後、同じに住んで1人暮らしている。
- 本人が一戸建てに対して、1人暮らしで寂しい。

7 要望・願望・障害程度・能力の発揮度、アクティビティ（活動）とのズレについて考えてみましょう。

- 家族としての経験もあるのに、余計なことを言われると、方法としての関わりがなくなっていく。
- 「主体的に1人で自分のできることを増やしている」と感じている。

8 生活歴・習慣・なじみのある暮らし方など、現状との違いについて考えてみましょう。

- 関西に住まれているが、40年間住んでいたコーラスに通っている。
- 専業主婦として3人の子を育ててきたという自負が独立している。
- 主体としての半生を生活しており、子どもはない。
- 化粧や服装、身だしなみもきちんとしている。
- お手伝いを雇っていた。

D 課題の背景や原因を整理してみましょう

思考展開エリアに記入した内容を使って、この課題の背景や原因を本人の立場から考えてみましょう。

- 「家事は自分でできる」と考えているので、人に言われるとイライラする。
- この先、自分がどうなっていくのか不安である。
- 思うようにできない自分に対してもどかしさを感じている。

E A課題の立場から考えてみましょう

本人の立場から課題の整理を考えてみましょう。

D課題の背景や原因の整理があなたが困っている・求めていることは、どのようなことだと思いますか。

- 自分のする前は本当から、他人から口出しされるのは辛い。
- ヘルパーに気を遣っている。1人ですます1人の人間として、尊重してほしい。
- 1人の人間として「ボケ扱い」せずに接してほしい。
- 自分なりに自分でどうしたらいいのかわからなくて困っている。

F 本人にとっての課題解決に向けてできそうなことをいくつか考えてみましょう

- 非常いたっていたださい。
- 本人の言葉をつくる。
- 睡眠を1日の過ごし方。

このワークシートを通じて本人に気づいたことや、本人の実現望の実現する気持ちや意欲を向上できるような項目の再度の事実確認が必要なことに、どのようなことを試せるかということを書いてみましょう。

- ① 手伝いをいって欲しいでしょう。
- ② 家族と食事をする時間をつくる。
- ③ 週2回の買物の内容を変える。
- ④ 食事、排泄、睡眠を一緒に考える。
- ⑤ 服薬を確認する。

STEP1 評価的理解
援助者として感じている課題を、まずはあなたの視点から整理します。

STEP2 分析的理解（思考展開エリア）
根本的な課題解決に向けて、多面的な事実の確認や情報を整理します。

STEP3 共感的理解
本人の視点から課題解決を考えられるように、援助者の思考展開を行います。

第3章　自立生活支援について考える　115

第3章のまとめ

　「尊厳の保持」を定めた介護保険法第1条には，もう一つの柱として，要介護状態にある利用者の能力に応じ自立した生活を支援する「自立生活支援」もうたわれています。

　「自立」には，ADL（日常生活動作）の向上など身体機能の自立，収入を得たり，保護費や年金を自己管理できたりする経済的な自立，住環境の自立，近隣や地域と関われる社会的な自立，自己決定や自己選択などができる精神的な自立などがあります。

　「自立」を実現するためには，利用者の意思決定を尊重することが前提になります。利用者の持つ能力や可能性を確信し，利用者の強さや長所といった能力を最大限に引き出して発揮できるよう支援するエンパワメントの視点が必要であると考えられます。

　3つの事例とも，利用者と一緒に行うことを援助目標に掲げています。

　ヘルパーに従事していた利用者である「①過去の経験に寄り添う」では，利用者の不安や寂しさの訴えを傾聴するよう努め，利用者を先輩ヘルパーと考え，こちらが教えていただこうという思いで接したことが功を奏しています。

　「②助けはいらない」でも，ヘルパーからの声かけが重要な役割を担っています。単に一緒にしましょうだけではなく，利用者の精神的な変動の波に沿うような声かけだったのかもしれません。

　「③自尊心を守る」では，パーソンセンタードケアの考え方である，「認知症の〇〇さん」ではなく「〇〇さんという認知症のある人」として利用者に関わることで，1人の人として接していることが利用者に伝わりました。一つずつの作業に声かけを行うなど，言葉を大切にした援助を行うことで，自立生活支援を実現し，在宅生活が継続できています。

　利用者が独力で行えるようになることが自立の全てではなく，到達点でもありません。ヘルパーとしては，見守り，声かけや環境整備，道具などのさまざまな配慮や工夫による支援を受けながら，利用者が「在宅生活できること自体が自立」と考えることや，利用者とともに行い，本人とできる範囲の拡大の可能性を考えることで，利用者への自立の考え方，自立生活支援の働きかけ方は違ってくるのではないでしょうか。

第4章

家族との関係・理解について考える

　認知症の利用者の中には，別居家族や医療・看護職，ケアマネジャーに対して日頃の態度とは異なりしっかりした応対をすることから，認知症の程度が軽く見られたり，認知症と理解されなかったりする場合があります。一方同居家族など身近な人に対しては，より症状が顕著に現れることが多く，利用者と家族の関係にストレスが生じていることがあります。認知症の在宅支援では家族の役割は重要であり，支援者は家族の思いを理解し，無理なく介護が続けられる環境を一緒に考えていく必要があります。利用者と家族の関わりについて，焦点を当ててみましょう。

① 母娘の衝突
――暴力を受けたと双方が訴える状況に悩む

1 ケース概要

事例の概要	女性，79歳。 本人が「娘（次女）に叩かれた。物を投げつけられた」と訴えていると，担当ヘルパーから報告を受ける。実際，右胸の下にあざや，額にこぶができていることがあった。通院している医師には「娘（次女）に叩かれた」とは伝えていない様子。本人の訴えを担当ケアマネジャーに報告しているが「本人も娘（次女）に手を出している」との返答であった。担当ヘルパーは，どのように対応すればいいか悩んでいる。
家族状況	〈ジェノグラム〉　〈家族構成〉 　　　　　　　　　長女：結婚後，他県に居住。 　　　　　　　　　次女：自営業，同居。
生活歴等	長年，工場で働いていた。結婚後は，夫の自営業の手伝いをしながら，主婦として子ども2人を育てた。交通事故で夫を亡くして以降，次女と2人暮らしである。 経済状況：年金 住宅状況：一戸建て・持家
心身の状況	認知症自立度　Ⅱb／寝たきり老人自立度　J2／身体障害者手帳　1種1級（心臓機能障害）／要介護　2 〈主な病歴・疾患など〉 ・交通事故の後遺症で左上肢に腫れが残る。 ・心療内科にてアルツハイマー型認知症と診断を受ける。 ・自宅で転倒し，右股関節を骨折する。 ・ペースメーカー装着 〈現在の治療状況〉 　週に1回，ヘルパーの介助で内科と整形外科に受診。 〈服薬状況〉 　次女が管理している。

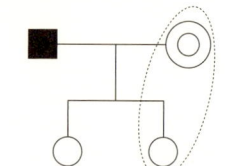

	〈中核症状・行動・心理症状〉 ・徘徊：次女が知らない間に，1人で近所の公園まで行き，転倒したことがある。 ・次女の介護に抵抗し，暴力をふるうことがある。
日常生活とコミュニケーション	〈ADL〉 寝返り・起き上がり・移乗：自立 歩行：シルバーカーを使用して自立 入浴：週3回デイサービスにて実施している。 食事：自立 着脱：上着のみ介助が必要である。 排泄：自立 〈コミュニケーション〉 視力：細かい文字は見えない。 聴力：問題なし 意思の伝達・決定：記憶力の低下が見られる。
訪問介護計画	〈本人の意向〉 　できるだけ娘に負担をかけずに，サービスを利用しながら生活したい。 〈援助目標〉 　ヘルパーが通院介助を行い，定期的に受診することで，心身状態の低下を防ぐ。 〈援助内容〉 衣類着脱介助：デイサービス，通院時の着替えを一部介助する。 通院介助：安全確保をして通院介助を行う。 〈週間スケジュール〉 | | 月 | 火 | 水 | 木 | 金 | 土 | 日 | |---|---|---|---|---|---|---|---| | 午前 | | 訪問介護 | 訪問介護 | 訪問介護 | | 訪問介護 | | | 午後 | | デイサービス | | デイサービス | | デイサービス | | 〈訪問介護以外の支援・サービス〉 ・デイサービス：火曜・木曜・土曜 ・ショートステイ：随時 ・福祉用具貸与：車椅子 ・医療機関：内科と整形外科へ通院している。 ・家族親類：長女は他県在住のため，次女の支援のみ。 ・地域：昔からの知人は，施設入所や死去したとのこと。

2　支援経過

日時	訪問経過	分析・考察・所感
1月9日	援助中に本人が「娘にたたかれた」,「右の胸の下が痛い」と言っていた。本日,整形外科受診し,レントゲン検査を行ったが,異常はなかったと担当ヘルパーから報告。 →担当ケアマネジャーへ報告。「娘にたたかれた」という訴えは,デイサービス利用時にもある。また,本人が次女をたたくこともあるようで,次女からも相談を受けていると。 **Q1** 利用者から,家族から暴力をふるわれていると相談を受けたときどう対応すればいいですか？	「娘に叩かれた」という発言から,胸の痛みは次女からの暴力によるのではないかと考えたが,本人が次女に暴力をふるう可能性もあると聞き,親子間に深い何かがあると感じた。
2月4日	本人が「娘にたたかれて困っている。自分は何もしていないのに,一方的にたたかれる」と言っていた。援助終了後,本人宅前で次女に会い「母親が暴力をふるい,背中にあざができた」と言っていたと担当ヘルパーから報告。	ヘルパーからの報告内容を担当ケアマネジャーに報告する。
2月6日	本人,次女の双方から「たたかれた」という訴えを聞くが,どう返答すればよいか分からずヘルパーが悩んでいる。他のヘルパーが訪問した時にも,同様の訴えがあるなら,どのように対応しているのかを知りたい。	サービス提供責任者が「本人,次女から聞き取った内容は,こまめに事務所へ報告するように」と担当ヘルパーへ申し送り,他の担当ヘルパーにも,対応経過を伝えることにした。また,それを受けてケアマネジャーをはじめ,関係機関との情報共有をより密に行うことにする。
3月12日	シルバーカーを使用して,内科への通院介助を行っていたが,途中で本人が歩けなくなり,タクシーを利用した。診断の結果,低栄養状態のためとわかり点滴を受けることになったとヘルパーから報告がある。	しっかり食事を摂れていなかったのかもしれない。本人の生活状況を,多角的に捉えることが必要。

3月13日	本人が心筋梗塞のため入院したとケアマネジャーから電話連絡があった。 　次女の介護負担が大きくなっており，心身ともに限界が近づいていると思われる。今回の入院は，次女が身体を休める良い機会になったと思っているとのこと。また，本人と次女の間の暴力については，地域包括支援センターに相談してみるとのこと。	このタイミングで，2人の生活環境を見直す必要があると考える。
3月23日	3月29日に退院し，そのまま4月8日までショートステイを利用することになった。	退院後すぐにショートステイを利用することが，新しい環境の変化により本人の認知症の症状の悪化につながらないか，心配である。
5月10日	〈ケアマネジャーより連絡〉 　次女から「デイサービスへ行く身支度を促していると，母がたたいてくる」と相談があった。ヘルパーがデイサービスへの送り出し介助に対応をすることが可能であることについて次女と相談する予定とのこと。	認知症の周辺症状である介護の拒否や暴力行為が現れ，さらに次女の負担が増している。
5月15日	次女と相談した結果，介護負担軽減のため，デイサービスの送り出し介助をヘルパーで行ってもらいたいとケアマネジャーより電話があり。 →5月19日より，ヘルパー増回とする。	ヘルパーが訪問することで，次女の精神的負担を軽減していきたい。また，2人の間に少し距離を置くことで，双方の暴力が落ち着くことを期待する。
5月20日	〈サービス担当者会議〉 　体力，筋力低下が見られるため，通院介助の方法を見直す。今後は車椅子を使用し，雨天時はタクシーを利用して通院する。 　また，デイサービスの送り出し介助でヘルパーの訪問回数の増回を確認する。	

> **Q2** 家族から，利用者から暴力をふるわれていると相談を受けたときどう対応すればいいですか？

第4章　家族との関係・理解について考える

5月25日	デイサービスの送り出し介助で訪問する。ヘルパーの声かけに対して、着替えや準備等拒否もみられず、スムーズに援助ができた。	初めて訪問するヘルパーであったが、受け入れは良好であった。この支援を軌道にのせていきたい。
6月15日	〈ケアマネジャーより連絡〉 　6月下旬に療養型の病院へ入院することが決まった。次女の意向で、その後は入所施設を探すことになっているとのこと。	

Q1 利用者から、家族から暴力をふるわれていると相談を受けたときどう対応すればいいですか？

A　利用者の被害妄想に起因する言動である可能性も含め、慎重に事実確認を行う必要があります。いつ、どのように、どこをたたかれるのか、傷の有無など、できるだけ具体的に、訴えの内容を聞き取ります。家族の介護疲れや負担・ストレスが増大し、うまく気分転換が図れていないのかもしれません。ショートステイなどサービス利用などケアマネジャーなどと検討する場合もあります。

Q2 家族から、利用者から暴力をふるわれていると相談を受けたときどう対応すればいいですか？

A　日常生活の居住環境に対する不安、不眠や便秘など心身状況の不調がないか確認しましょう。服薬の調整で感情が収まることもあるので、医師への相談も必要です。また利用者の要望や思いが家族に伝わらないもどかしさから、不安定になり感情的な行動になるのかもしれません。利用者の「してほしい内容」を探ることが解決のきっかけになることもあります。

3 担当者の所感及び考察

■サービス提供責任者より
●苦労したことや留意点など
・母娘双方からの訴えに対して，どのように対応すれば良いか迷うことが多かったが，双方から話を丁寧に聞くことに努めた。
●疑問点や不安であったことなど
・今以上に親子関係が悪化しないか不安だった。
●うまくいったことなど
・事業所内で行った事例検討で，多くの意見や経験を集約した。それを基にケアカンファレンスを開催し，ヘルパー間での情報共有や意見交換を行った結果，フォロー体制を築くことができた。
・デイサービス利用の際に介護拒否が強く現れるとの報告をうけ，ヘルパーによるデイサービスの送り出しの援助の導入につなげた。
●その他
・関係機関の連携を強化し，状況の悪化を防ぐ支援が必要であると学んだ。

■ヘルパーより
●苦労したことや留意点など
・本人から「娘に叩かれた」と訴えられた時は，どのような声かけをすればいいのか分からず苦労した。
●疑問点や不安であったことなど
・母と娘の双方から聞き取った「暴力」の訴えを，すぐにサービス提供責任者に報告すべきか，事実関係がはっきりしてから報告すべきか迷った。
・訪問した時に，顔などにあざがあったらどうしようかと不安になった。
●うまくいったことなど
・訪問時の様子について，どんな些細なことでもサービス提供責任者へ報告し，ヘルパー間で情報を共有することで，ヘルパー自身も1人で抱え込むことなく，気分的に楽になった。

4　事例のまとめ

　本人に叩かれてあざやこぶができていることは事実であり，また一方で介護者である娘の方にも，背中にあざがあるとのことから，日々決して普通でない，両者ともに相当のストレスフルな状態におかれての生活状況があり，虐待も推測される状況の中で在宅介護が行われていることがわかります。

　今ある状況は，介護者が娘であることから，長らく培われてきた親子の関係性の結果であり，簡単には介入することが難しい状態にあるといえます。この中で，ヘルパーは本人だけでなく介護者である娘も両者がなるべく穏やかな日々を過ごせるよう，訪問の都度，観察し，声かけ，会話によりストレスを緩和させ，生活の乱れや暴力などの事実が確認できた場合は，サービス提供責任者やケアマネジャー（場合により，地域包括支援センター等）にいつでも報告することが求められます。

　この利用者に対して，ヘルパーが留意したいことは，まず①本人の意向と娘の意向がバランスよく折り合う状態を担当者全体で考えること，②本人と娘は24時間一緒におり，客観的に物事を突き詰めて考えにくい環境にあることを理解し，緊張感の中でちょっとしたことで感情的な摩擦が起こりやすくなっていることから，できるだけ否定的な感情を受け止めてストレスケアを図ることです。

　この事例の場合は，ショートステイを活用しながら，介護者の介護疲れを癒しストレスマネジメントを図って在宅介護を進めてきていましたが，認知症からと思われる本人による娘への介護の抵抗・拒否，暴力等（娘からの暴力も？）がおさまらず，最後は娘の意思により療養型病床への入院が方針として決まり，在宅介護は終了することになりました。

　認知症高齢者の在宅介護継続の条件は，24時間介護できるかということです。この利用者の場合は，介護者である娘の存在がないと成立せず，これまで安定的に在宅介護が継続できるよう，介護サービスの積極的活用をして，各方面のサービス担当者が協力連携体制をとり支援してきました。しかしながら24時間を中心的に担う介護者の介護が限界に達すると，いとも簡単に在宅介護は破綻してしまいます。

　本人の認知症に対して適切に対応するとともに，そして介護者である娘の体力的負担，精神的負担へのケア等，医療関係者を含め，早め早めにアプローチしなければ，在宅介護は支援しきれないということを教えられる事例でした。

2 子の認識と現状とのギャップ
――直面する問題をどう解決していくか

1 ケース概要

事例の概要

女性，85歳。

脳血管性認知症があり，日々進行している。閉じこもりがちで，保清に関して，事実と異なる本人の思い込みがあり，入浴ができていない状況が数年続いている。

本人は「外に出かけている。銭湯に行って風呂に入っている。デイサービスには行きたくない」と。長男は「本人は銭湯に行っていると私には話している。本人の意向を尊重したい」と。サービス提供者は「自宅の浴室は使用した形跡はない。銭湯は出入り禁止になっており，入浴はできていない」ととらえ方の違いが見られ，関係者間でも本人の生活に対する意向の統一が図られていない現状である。

家族状況

〈ジェノグラム〉

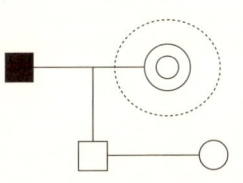

〈家族構成〉
独居。
長男：遠方に住んでおり，週末に訪問しているが，仕事もあり，日常的な援助は困難な状況である。

生活歴等

銀行で長く勤務をしていた。几帳面な性格で，認知症を発症するまでは自身ですべて管理していた。趣味は手芸やカラオケ。以前，長男と同居していたが，息子は遠方に転居し，夫が死去後は独居である。毎日の飲酒習慣がある。

経済状況：年金
住宅状況：集合住宅・持家

心身の状況

認知症自立度　Ⅲa／寝たきり老人自立度　A1／要介護　4
〈主な病歴・疾患など〉
高血圧症，狭心症，脳梗塞，腰痛症，左三叉神経痛，脳血管性認知症
〈現在の治療状況〉
2週間に1回ヘルパーの介助で通院している。投薬による加療中。
〈服薬状況〉
血圧降下剤

	〈中核症状・行動・心理症状〉 ・数分前に会話した内容を忘れていて，物品の管理ができず，紛失することが多い。 ・実際に行っていないところに行った等，事実と異なる思い込み，つじつまの合わない話がある。 ・分からないことがあると，些細なことでも不安になったり落ち込んだりしやすい。不安なことは，誰かに何度も話して自分の中で解決するか，異なることに関心が向くまで続く。 ・自分ができないことを「できる」と感じているため，援助に入ることが難しい時がある。 ・何かを思いつくたびに行動するため，落ち着きがない。自宅の机の上には本人の記入した用事のメモが貼られているが，役立っていない。
日常生活とコミュニケーション	〈ADL〉 寝返り・起き上がり：何かにつかまればできる。 移乗：自立 歩行：自立。ふらつきがあり見守りが必要。 入浴：自分では銭湯に行っているというが，実際は行っていないと思われる。肩関節の痛みの訴えがあるため，一部介助とする。 食事：短期記憶障害のため，興味がそれて，途中で食事を中断することがある。栄養状態に影響するため，ヘルパーが見守りと促しを行っている。 着脱・排泄：自立 〈コミュニケーション〉 視力：1ｍ先が見える程度。 聴力：普通の声の大きさが聞こえる。 意思の伝達・決定：日々の生活で状況に合致していないちぐはぐな意思決定をすることが多く，意思の確認，修正を行う必要がある。
訪問介護計画	〈本人の意向〉 　今のまま自分の過ごしたいように時間を使い，生活したい。 〈援助目標〉 ・食事をきっちりと摂り，体調を維持する。 ・負担となっている家事の負担を軽減する。 ・買物や通院等で外出し，リフレッシュの機会を図る。

〈援助内容〉
　食材の確認・買物介助・食事の提供・服薬確認・室温の調整・水分補給・掃除・通院介助

〈週間スケジュール〉

	月	火	水	木	金	土	日
午前	訪問介護	訪問介護	訪問介護	訪問介護	訪問介護	訪問介護	訪問介護
午後	訪問介護	訪問介護	訪問介護	訪問介護	訪問介護	訪問介護	訪問介護

〈訪問介護以外の支援・サービス〉
・配食サービス
・医療機関：内科へヘルパーの介助で通院している。
・家族親類：長男が電話でのやり取り，金銭管理，配達物の管理を行っている。
・地域：マンション管理人，学区自治会長の協力がある。

2　支援経過

日時	訪問経過	分析・考察・所感
6月27日	〈サービス提供責任者訪問〉 　本人より「近所の銭湯に忘れ物をしたので取りに行きたい」と希望があったため訪問し，銭湯まで同行する。銭湯の従業員から「ないと言っているでしょう」と諭されている。 　一緒に話を聞くと，先日，本人が銭湯に来た時「石鹸がない，お金がない」との訴えがあったが，お金以外何も持参していなかった，と。昨日も数回，銭湯に来て，同様の話を繰り返していたとのこと。	今まで1人で近所の銭湯を利用していたが，初めてのトラブルである。銭湯に何を持って行き，何を忘れたのか不明だが，銭湯内で大声を出した経過から，今後，銭湯が利用できるか不安である。
9月19日	ヘルパー訪問時，洗濯物が山のようにある。パンツやシャツも7枚以上ある。浴室はきれいなので自宅での入浴はしていないようである。	以前から汗をかくとすぐに，下着を着替えていたようだが，汚れていない物もある。着替えたことを忘れて，何度も着替えているのか，乾いた洗濯物を取り込み，そのまま洗濯機に入れているのかは不明である。乾いた洗濯物はヘルパーが取り込み片づけることにする。
10月5日	先月に比べて洗濯物は減っている。浴室の状態や，本人の様子から，自宅で入浴をしていないと思われる。	洗濯物が少なく着替えができていない場合は，午前中のヘルパー訪問時に声かけを行い，着替えや清拭を実施する。
10月18日	〈サービス提供責任者訪問〉 　本人に清拭や着替えについて声かけするが，本人は「毎日着替えているし，入浴も自分で入っているので大丈夫」と拒否される。	濡れたり汚れたりすると着替えている。銭湯に行っていないし，自宅で入浴

		している形跡もない。
11月3日	本人から「今日，入浴と散策に行こう」と思っていたが，中止したとのこと。 　ヘルパーから「本人の体臭が気になる」とのことで全く入浴できていないようである，と報告がある。	
11月22日	ヘルパーが訪問するが応答がない。事務所から本人宅へ電話し鍵を開けてもらう。二度寝していたとのことで着替えと洗顔をしてもらう。 　買物介助で外出することを本人とアイコンタクトをとりやさしく声かけすると，着替えについて納得してもらえた。	ヘルパーがうまく声かけをできた。今後，通院時も同じような声かけをする。
12月1日	入浴や洗髪が難しくなっているため，ヘルパーから，デイサービス利用について本人に情報を提供する。 **Q3** ヘルパーが新しいサービスの利用について，利用者に説明する必要があるとき，配慮すべきことはありますか？	その日により気分が変わり，訪問時は険しい顔でも，ヘルパーと話している間に顔つきが柔らかくなる。何度も同じことを言うと気分を害するため，趣味の手芸やカラオケができる場所があること等をヘルパーから本人に伝える。
12月27日	これまでのヘルパーの声かけの成果で，買物介助の時に「新年はデイサービスに行くのも楽しいですよ。お風呂に入れて，好きなカラオケもできます」と声かけすると「そうだなぁ」と喜んでいた。	デイサービスに関して少し興味が出てきており，本人のなかで，好印象になっている様子。
1月8日	「美容室に行くのでヘルパーをキャンセルしてほしい」と本人から連絡。 →長男にキャンセルでよいかを確認する。「本人の意向に従ってください」とのことで，キャンセルとなる。	
1月9日	年賀状の写真を見ても，誰か思い出せない。電子レンジを使用すると加熱しすぎて，うまく使用できていない。美容室を予約していたが，行くのを忘れていたとの	本人が「ボケてきました」と言うようになった。美容室

第4章　家族との関係・理解について考える

	ことで，本人と一緒に再度予約する。	当日声かけが必要と思われる。
1月18日	〈サービス提供責任者モニタリング訪問〉 　食事を摂ったり，薬を飲んだりすることを忘れており，毎日ホームヘルパーの支援が必要と考えられる。訪問前後だけでなく，数分前に話した内容も忘れている。担当ヘルパーから保清に関して，「浴室を使用した形跡はなく，本人は，銭湯に行っていると話している」と報告を受けている。 　自宅の浴室を利用しない理由に対して「自宅の浴室は，あとの掃除が面倒である」とはっきりしていた。ヘルパーが浴室の掃除を行うことを説明するが，理解できない様子。 　1人で酒を買いに近隣のスーパーや美容室まで外出可能だが，近くの銭湯へは，以前のトラブル以降，利用していない。	入浴のことはもちろん，本人の話と現実の話は，食い違いがある。閉じこもりがちであるため，訪問時にデイサービスの利用をくり返し提案するが拒否される。一方で別の日には，ヘルパー訪問活動時にデイサービスの利用を提案すると，行ってみようかと返答される時がある。 　入浴はできているという気持ちをくみ取り，異なる目的で外に出て気分転換するのはどうかという提案をケアマネジャーに報告する。
2月7日	〈ケアマネジャー訪問〉 　ヘルパー訪問活動中で，本人は昼食を摂っていた。先日，1人で近くの美容室に行ってきたとのことで，さっぱりとしている。入浴は定期的にできている様子はない。 　入浴だけでなく，外出，娯楽のためにデイサービスの利用はどうかと聞くと「一度見学に行ってみようかな」との返事があった。	本人のなかでは，定期的に銭湯に行っていることになっている。今回提案したデイサービスは，カラオケができる，自宅から近くで，知っている所にあるデイサービスということで関心を示したのか，心境に変化があったのかはわからない。

			長男に本日の訪問状況を伝え，一度デイサービスの見学に行ってみることを提案する。
同日		着替えてもらうと皮膚の落屑が舞うので，身体にローションを塗る。 ケアマネジャーが別のデイサービスのパンフレットを持参している。パンフレットを見ながら「よい所ですね」とニコニコと話していた。	入浴ができていないため，ベッドシーツや床にも剝離した皮膚が落ちている。 デイサービスに関心があるようなので，今なら利用できるのではないか。
2月9日		〈ケアマネジャー訪問〉 パンフレットを持参する。「ここは，以前によく1人で行っていた，今も歩いて行っている」とのこと。 また「最近忘れやすくなりました，悪いのはここだけです」と頭を押さえながら，笑っていた。	毎日，どこに外出しているのか，実際にデイサービスに行っていたのかどうかは不明。
2月12日		長男が来て，デイサービスのパンフレットを見ていた。ヘルパーから長男に「本人が興味をもっており，入浴のことを含めて，デイサービスを考える機会である」旨を伝える。	<u>長男は全く入浴できていないとは思っていない。</u>デイサービスは以前本人が嫌がっていたので無理には行かせたくないとの思いがあるようである。

Q4 家族の利用者の現状認識が正しくなくて（できているはず，本人がしているといっている，等）問題解決が困難なとき，どう対応すればいいでしょうか？

2月27日		長男にデイサービスの利用について電話したが「週末に本人宅に行った時にパンフレットを見たが，いつ本人に聞いても，行きたくないとの反応である。またヘルパーからの助言があるが，その場では無理をして「行こうかな」と返事しているだけである。入浴等の目的もあるが，行きたくないところに行って，混乱をきたさないかが心配である。とりあえず，本人の意向を尊重したい」と，長男はデイサービス利用について消極的であったとのこと。	その場その場で，デイサービスの利用の意向や，話す言葉，気持ちが変わるので，記録しておくこととする。

第4章　家族との関係・理解について考える

3月4日	長男に見てもらえるようにとケアマネジャーが持参した，別のデイサービスのパンフレットを置く。ヘルパーから「デイサービスに行くと寂しくないし，1日の過ごし方も変わり，よいのではないか」と本人と話す。	ケアマネジャーから，本人の現状や助言があり，長男もいろいろ考えている。
3月5日	長男からデイサービスの利用について連絡があったとケアマネジャーより報告。 デイサービスについて本人と話したところ「息子と一緒なら，一度見学に行ってみようと思う」と。見学に行ってから，体験利用につながればと考えている様子。	デイサービス担当者と見学に行ける日程を調整する。本人にとって，長男は信頼できる存在であることがうかがえる。
3月13日	長男から連絡があり，本人の体調不良のため，デイサービスの見学を中止したいと連絡があったとケアマネジャーより報告。「見学に行こう」と勧めたが，当日になって，本人が「行かない」と頑なに拒否した様子。	日によって気分の変動があり，無理に勧めても行かないので，自ら「デイサービスに行く」と言っていたと伝えても認められない。ヘルパーなどの第三者がいつもの会話をしながら，送り出す方がよいのではないか。
3月29日	デイサービスのパンフレットが机上にあり「土日に行く」「息子と行く」というメモが貼られている。本人に聞くと，「行ってみようかな」と話す。先日，見学をキャンセルした記憶はない。「私も最近，忘れっぽくなりました」と笑って話している。訪問活動中のヘルパーから聞き取るが，入浴している痕跡はないとのこと。	記憶だけでなく，そのときの気持ちや感情もとどまっていない。気分の浮き沈みや変化があり，利用につながらないが，今後も意向を確認していく。
4月17日	本人から「デイサービスの話はなくなったのかなあ。忘れることが多くなった」と話があった。	入浴ができておらず，体臭が気になる。着替えは本人が自分でしたり，ヘルパーの声かけでできたりしている。美容室へも行けている。飲酒

量が増えており、食欲がないので、脱水等の心配がある。

　継続して長男にもデイサービスの必要性を伝える。本人は社交的なので、孤立せず社会との交わりのある生活ができるように、関係者で本人に働きかけを続けていく。

3　担当者の所感及び考察

▰サービス提供責任者より
●苦労したことや留意点など
・ケアマネジャーを中心に家族・ヘルパー・マンションの管理人・自治会長から，本人の日々の生活状況を確認するが，それぞれ一面的であり，全体像の把握が困難であった。
・利用者の生活に対する意向，介護保険サービスに対する意向が，同席する人により変化することで調整が難しい。
・認知症の利用者の介護保険サービスの導入には，家族の協力理解が不可欠であり，家族が現況を理解できるように努めた。
・認知症に対しては，実際の生活状況を伝えるのに自尊心を傷つけないような配慮が必要であること。
・アセスメント結果からサービスが必要と思われても「1人で行っている」と，事実とは異なる本人の訴えを受け止め，タイミングを見計らいながら本人に促すことに苦慮した。

●疑問点や不安であったことなど
・サービスの入っていない時間帯（夜間含め）に，1人でどのように過ごしているか分からない時がある。

●うまくいったことなど
・以前から，食事の提供や服薬援助等，ヘルパーに対する理解があり，好意的に利用できている。
・1日2回訪問するヘルパーから，日々の報告を受け，生活状況や本人の気持ちをケアマネジャーに報告することができた。
・心身状況や生活状況の報告を，そのつど家族へ報告したり，面談して話し合うことで，サービス提供者と本人，家族との関係を築きつつあると感じる。

●その他
・認知症状で不安を感じている人は誰なのか（本人，家族，介護に関わる者等），何を不安に感じているのかを明らかにする必要がある。
・現状だけでなく，将来的に，症状に対して予測できるリスクを考えておく必要がある。
・本人と関わりの少ない家族に認知症の理解の差があれば，心身状況を含め，生活状況を家族に伝える必要がある。

▰ヘルパーより
●苦労したことや留意点など
・声かけをしすぎると，大声を出されるので，本人の気分を観察しながら進めていく必

要があった。
・1回嫌だと言われたら絶対に拒否となるので，声かけをやめたり，くり返し言わずに時間をおいて話したりするなどのやりとりが難しかった。
●疑問点や不安であったことなど
・関係者と家族で把握している現状に相違があったこと。
●うまくいったことなど
・ヘルパーに対する受け入れがよく，久し振りに訪問したヘルパーでも拒否がなく，日々の支援はスムーズに実施ができたこと。
・通院のヘルパー，買物のヘルパーとヘルパーの顔を覚えており，家族が言うことは聞かなくてもヘルパーが話すと実施でき，ヘルパーとの関係を通じて支援が円滑に行えた。

Q3 ヘルパーが新しいサービスの利用について，利用者に説明する必要があるとき，配慮すべきことはありますか？

A 　記憶力の低下により，新しいことや複雑なことを覚えるのは苦手になり，一度に処理できる情報量は減少するので，理論的な説明や長い説明は混乱の原因となり得ます。「ゆっくり，はっきり，簡潔に」を念頭に具体的に話す工夫をします。またコミュニケーションが取りやすい適切な環境（静かな場所など）や利用者との距離を考慮し，利用者と目線や呼吸を合わせ，安心してもらえるよう配慮しましょう。

Q4 家族の利用者の現状認識が正しくなくて（できているはず，本人がしているといっている，等）問題解決が困難なとき，どう対応すればいいでしょうか？

A 　身内ほど認知症であることを認めたくない気持は強く，利用者本人の言動が事実であると考えるのは，自然なことです。利用者の心身状況や生活状況の共有と認知症に対する正しい知識を得るために，関係者が集まったり，主治医から説明を受けたりすることが効果的です。また利用者だけでなく，家族のことを気にかけた「言葉かけ」や「ねぎらい」が，家族の思いを理解し支援する姿勢につながります。

ひもときシートから実際の事例を分析する

「②子の認識と現状とのギャップ」をひもとき

STEP1　評価的理解（援助者として感じている課題を，援助者の視点で評価）

　本人が「銭湯に行っている」と話すため，長男は「本人の保清はできている」と考えています。結果的に本人の保清ができないことに対して，援助者は困っています。

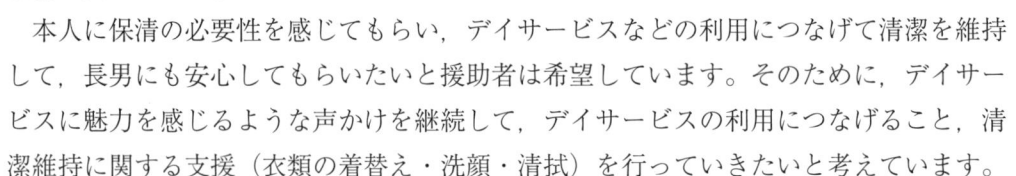

　本人に保清の必要性を感じてもらい，デイサービスなどの利用につなげて清潔を維持して，長男にも安心してもらいたいと援助者は希望しています。そのために，デイサービスに魅力を感じるような声かけを継続して，デイサービスの利用につなげること，清潔維持に関する支援（衣類の着替え・洗顔・清拭）を行っていきたいと考えています。

STEP2　分析的理解（思考展開エリア）

　入浴が全くできていないが「銭湯に行って風呂に入っています」という言動を8つの視点から分析します。

　1）や2）で「多くの薬を服用しているが，副作用はない」「飲酒の習慣があり，深酒をした時は，食事を摂取できない」とあります。薬の種類の多さや飲酒の習慣が，「銭湯に行っている」という言動の何らかの要因になっている可能性が考えられますが，医療的な視点なので，介護職では判断が困難な場合があります。医療・看護職等と連携をとり，正確な情報を得ることが大切です。

　4）の「汗をかいたり汚れたりすると，頻回に着替えをしている」ことは，3）の「几帳面な一面」との関連があるかもしれません。

　心理的な背景の影響を考えると2）や3）の「別のことに関心が向くこと」，6）の「あちこちに貼られたメモ」，7）の「何かを思い出すたびに行動すること」から，「したいこと」や「関心があること」を忘れないでおこうとする本人の「几帳面さ」が感じられます。また，「したいこと」や「関心があること」の一部は，7）の「趣味の手芸やカラオケ」である可能性も考えられます。

STEP3　共感的理解

　毎日銭湯に行っているのに，行っていないように言われ，風呂に入るよう促されることが，本人にとっては苦痛ではないかと感じられます。馴染みの銭湯に入って入浴したい，できるだけ自立した生活をしたいという本人の思いをくみ取ることで，本人の思いに共感できるでしょう。Fでは銭湯に似た環境設備のあるデイサービスを利用してもらうということや，カラオケをしたり，手芸を教えたりする目的でデイサービスを勧めるということで，本人の気持ちに共感し，意向に沿うような具体的な提案がなされています。

ひもときシート

A 課題の整理 I あなたに援助者が共感していない課題

事例にあげた課題に対して、あなた自身が困っていること、負担に感じていることを具体的に書いてください。

- 長男には「銭湯に行ってほしい」と話しているので、風呂は保清ができていると思っている。

1) 病気の影響や、服用している薬の副作用について考えてみましょう。
- 認知症を発症、心疾患の既往症、血圧や血流の薬が処方されている。
- 肩と腰の痛みがあり、動作に一部介助が必要。歩行は不安定で長距離歩行は不可。
- 多くの薬を服用しているが、副作用はない。

2) 身体的痛み、便秘・不眠・空腹などの身体的不調による影響を考えてみましょう。
- 皮膚の掻痒感がある。
- 皮膚の痛みは先で見える。
- 肩と腰の痛みがあり、服薬中に中断するためヘルパーが見守りや介助を行っている。食事以外は、食事を摂取している。

3) 悲しみ・怒り・寂しさなどの精神的苦痛や性格等の心理的背景による影響を考えてみましょう。
- 分からないことがあると、憂鬱なことでも不安になったり落ち込んだりしやすい。
- 別のことに関わりがあり、ことを話しがかわっていく傾向。
- 元銀行員という仕事を行っていたこと、几帳面な一面が見受けられる。

D 課題の背景や原因を整理してみましょう

思考展開エリアに記入した内容を使って、この課題の背景や原因を本人の立場から考えてみましょう。

- 毎日銭湯に行っているのに、行っていないといわれ、風呂に入れるように声がかけられる。

↓

E A課題の立場から課題を

課題の背景や原因の整理を、あなたが困っている場面で本人自身の困り事や悩みが何なのかを、「D」の立場からどのように考えたらよいかを考えます。

- 馴染みの銭湯に行きたい。
- できるだけ自立した生活をしたい。

4) 音・光・におい・温度等の五感への刺激や、苦痛を与えそうな環境について、考えてみましょう。
- 自分で室温の調整ができない。
- 汗をかいたり、汚れがする。
- 洗濯をしていることがある。
- 保清ができていないことによる体臭が気にしていない。

5) 家族や援助者など、周囲の人の関わり方や態度による影響を考えてみましょう。
- 長男夫婦、次男に住んでいるが、長男が週末に助言しているが、仕事もあり、日常的な援助は困難な状況である。
- 本人にとって貴重である。
- 家族は本人の意向を尊重したいと考えている。
- 集合住宅に住んでいるが、近隣との関わりはない。

C 課題に関連しそうな本人の言葉や行動を書き出してみましょう

あなたが困っている場面（Aに記載した内容）における本人のしぐさ、表情やしぐさ、行動等を書き出してご記入ください。

入浴が全くできていないが本人が口にしないで「銭湯に行っています」と話す。

6) 住まい・器具・物品等の物理的環境により生じる居心地の悪さや影響について考えてみましょう。
- 机上には、本人の記入したメモがあちらこちらに散らばっているが、役立っていない。
- マンションに居住している。

7) 要望・障害と度・能力の発揮などにおいてアクティビティ（活動）について考えてみましょう。
- 閉じこもりがちで、保清に関しては、入浴が出来ていない状況や、思い込みがあるが、事実と異なる状況が続いている。
- 趣味の手芸やサークルを行きたい気持ちがあるが、落ち着きがなく行動できない。
- 何かを思い出せずにイライラしている。

8) 生活習慣・信念・なじみのある暮らし方や、現状との違いについて考えてみましょう。
- 馴染みの銭湯のある銭湯に行きたい。
- 銀行員として勤務していた。
- 毎日欠かさず行動している。

F 本人にとっての課題解決に向けてできそうなことをいくつでも書いてみましょう

このワークシートを通して気づいた本人の気持ちや今までできそうなことなどが試すそうなことの再度の必要性について考えて、目的に沿ったデイサービスを行います。

- 銭湯ではなく、カラオケをしたり、デイサービスを利用えたりする目的で思考展開を行ってみましょう。

B 課題の整理 II あなたに援助者が考える

1) あなたは本人にどんな姿や状態になってほしいと考えていますか。

- デイサービスに行って入浴してほしい。
- 長男に安心してもらえる事をしたい。
- パートからの声かけを継続していく。
- 清潔維持に関する支援（衣類の着脱、洗濯）を行っている。

2) そのために、当面どのようなことに取り組んでいることを考えていますか。あるいは、取り組みますか。

- デイサービスの見学につないで、利用につなげたい。デイサービスに魅力を感じるきっかけから本人からの声かけを継続していく。
- 本人に、保清の必要性を感じてほしい。

STEP1 評価的理解

援助者として共感している課題を、まずはあなたの視点から評価します。

STEP2 分析的理解（思考展開エリア）

根本的な課題解決に向けて、多面的な事実の確認や情報を整理します。

STEP3 共感的理解

本人の視点から課題の解決を考えられるように、援助者の思考展開を行います。

第4章 家族との関係・理解について考える　137

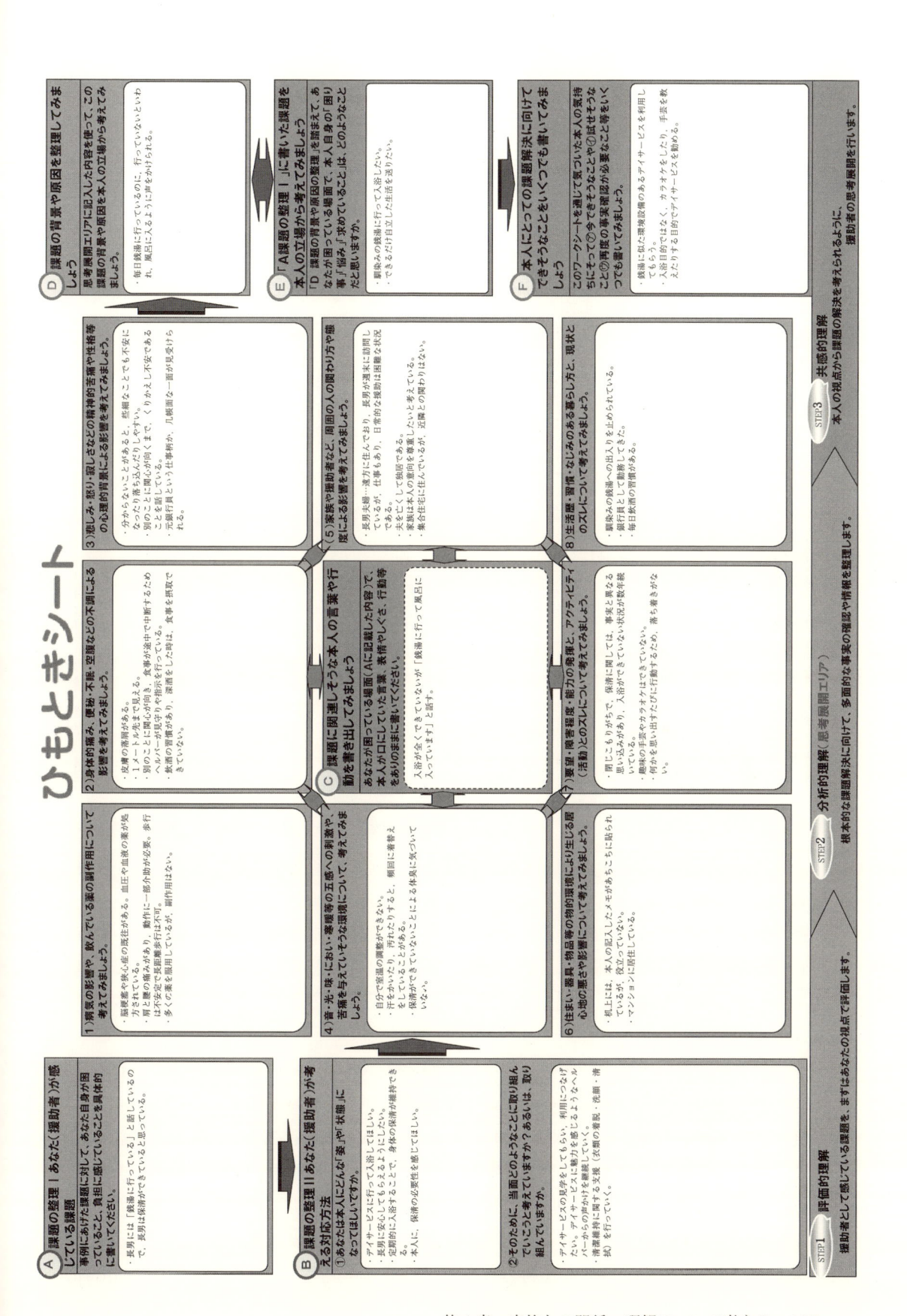

第4章のまとめ

　訪問介護計画を立てる場合,「家族など介護者の介護疲れの予防や軽減を行う」という援助目標があります。介護疲れやストレスなどの負荷を軽減するために,家族が行う介護の一端をヘルパーが担うというものです。家族は先の見通しが立たず,過重な介護負担を感じていることがあります。ヘルパーは介護者である家族の不安な気持ちをくみ取り,適切に相談や助言を行うことで,在宅介護が継続できたり,目標の達成を目指したりすることが可能となります。

　認知症介護をしている家族においては,家族が認知症であるという事実を受け入れられないことがあります。以前の認知症のない状態と比較することで,現実を受け入れられず信じたくない気持ちになることが想像できます。一般的に,認知症の方を介護する家族の気持ちの受け入れとして,以下の心理状態の段階があります。

【第一段階:とまどい・否定】
「あんなにしっかりしていたのにまさか…」認知症を認めることが全人格を否定するかのように感じられ,現実を直視することにとまどう
【第二段階:混乱・怒り・拒絶】
認知症に対する理解の不十分さからどのように対応してよいか分からず混乱し感情的になる・家族だけで抱え込めない。心身ともに疲労困憊し拒絶絶望感に陥りやすいつらい時期
【第三段階:割り切り】
認知症に対する情報を得て,経験を重ねていく。症状は同じでも「問題」としては軽く見えるようになる。ただ認知症の進行に伴い新たな症状が出現すれば再び混乱して第二段階に逆戻りの可能性があるので落ち着いた対応が必要
【第四段階:受容】
認知症に対する理解が深まり認知症である家族のありのままの姿を受け自然に受け入れられる。介護者が人間的に成長してきた証といえる
(出所:『キャラバンメイト養成テキスト』NPO法人地域ケア政策ネットワーク,2007年,41-42頁。)

　家族がショックを受け,混乱している第一段階や第二段階では,家族が現実を認めたくないという気持ちを持ったり,家族の利用者に対する不適切な言動や態度から,利用者の不安を増幅させ,悪循環に陥る可能性があったりします。こうした場合,ヘルパーは家族が感じている介護に対する不安に寄り添い,理解する姿勢が求められます。また懸命な介護をしている家族に対して,利用者が「意地悪」ともとれる態度を示すことがありますが,強い信頼感の裏返しであることを家族に伝えることで,第三段階へ移行しやすくなることもあります。

　家族に認知症という病気を正しく理解してもらい,ヘルパーが家族を適切にサポートしていくことは介護負担軽減につながる重要な役割の一つといえます。

　「①母娘の衝突」のように,家族も本人も混乱している状況では,早期に介護環境を変えるなど本人や家族に対して介入が必要であると考えられます。また「②子の認識と現状とのギャップ」のような独居で家族の日常的な関わりが少ない場合,周辺症状や生活上の課題を家族に相談しても,利用者の病識に対する家族の理解が乏しく,十分な受け入れができていないため理解を得られないことがあります。いずれの場合も,利用者

の状況変化を詳細に把握できる存在として,ヘルパーは,サービス提供責任者,ケアマネジャー,医療・看護職と連携し,日々の変化や状態を家族とともに,共有しておくことが重要です。

資 料 編

1　ひもときシートを活用してみましょう

はじめに

　認知症ケアの実践において，援助者は「本人の考えていることが分からない」「どのように対応すればよいか分からない」ということに悩みがちです。こうした場合に「ひもときシート」(1)が効果的です。

ひもときシートとは

　認知症介護研修センターが2008～2010年にかけて，国の委託事業として実施した「認知症ケア高度化推進事業」で開発したツールです。

　実際に使用する時は必ずひもときねっと（http://www.dcnet.gr.jp/retrieve/）を参照してください。

開発の経過

・援助者は，認知症の人の言葉や行動にばかり目を奪われてしまい，背景にある本人からのメッセージやシグナルに気づけない場合が多くあります。
・メッセージやシグナルに気づき読み解く力を身につけ，利用者の生活背景や事象の前後の状況分析を行いながら，「本人にとっての問題」をひもとくことが必要です。
・援助者が「困難」と感じていることを一定のプロセスを踏み思考を整理することで，困難や課題と考えていることを明確にし，事実に基づく情報の整理をしながら本人の求めるケアを導き出す（ひもとく）ために開発されました。

目的と特徴

・パーソンセンタードケアを応用し，認知症の「人」に焦点を当て，行動や言葉との関係を考えます。
・身体の状況や，性格，社会とのつながり，生きてきた背景など「その人」自身のことや，その人を取り巻く環境など，複雑に絡み合っている原因を一つひとつをひもとくうちに，その人が何を望んでいるか介護者が気づくことが目的です。
・認知症の人の行動や言葉の背景にはさまざまな原因や意味があります。その行動や言葉をひもとくことで認知症の人が何を望み，訴えているのか明らかにし，新たなケアのヒントを見つけられます。

ひもときシートの構造と使用方法

ひもときシートは、Step1からStep3までの3段階に分かれています。

① Step1：評価的理解

　　評価的理解とは、援助者が認知症の人の行動や発言に惑わされ、本人に対して「好き・嫌い・苦手・得意・いい人・悪い人」という感情的な理解をしてしまうことです。認知症ケアは「本人本位」が基本にありますが、まずは、援助者自身が自分の気持ちに向き合うところから始めます（ひもときシートA欄～B欄に該当）。

② Step2：分析的理解

　　分析的理解とは、課題と考えている事象の「言葉・行動」の意味を本人の立場に立って意味づけしていくことです。一つひとつの事実に対して、援助者が「なぜ」「どうして」と疑問を抱いていき、その疑問や理由を分析的に探りながら、援助者中心の思考を本人中心の思考へと転換していく準備段階です（ひもときシートC欄～D欄に該当）。

③ Step3：共感的理解

　　共感的理解とは、Step2を通じて得られた理解をもとに、本人の言葉や行動の意味を理解し、本人の気持ちに対して「なるほど、そうだったのか」「もっともだな」と共感することです。こうした共感的理解のもとに本人の視点から課題への解決糸口を見つけ、アセスメントする際の焦点を定めていきます（ひもときシートE欄～F欄に該当）。

（1）本資料はすべてひもときねっと（http://www.dcnet.gr.jp/retrieve/（2014.3.31））より引用しています。

ひもときシート

STEP1 評価的理解
援助者として感じている課題を、まずはあなたの視点で評価します。

A 課題の整理Ⅰ あなた（援助者）が困感している課題
事例において、あなたが困っていること、負担に感じていることを具体的に書いてください。

B 課題の整理Ⅱ あなた（援助者）が考える対応方法
① あなたは本人にどんな姿や状態になってほしいですか。
② そのために、当面どのようなことに取り組んでいこうと考えていますか？あるいは、取り組んでいる課題は何ですか。

STEP2 分析的理解（思考展開エリア）
根本的な課題解決に向けて、多面的な事実の確認や情報を整理します。

1) 病気の影響や、飲んでいる薬の副作用について考えてみてください。

2) 身体的痛み、便秘・不眠・空腹などの不調による影響を考えてみましょう。

3) 悲しみ・怒り・寂しさなどの精神的苦痛や性格等の心理的背景による影響を考えてみましょう。

4) 音・光・味・におい・温度等の五感の刺激や苦痛を与えていそうな環境について考えてみましょう。

C 課題に関連しそうな本人の言葉や行動を書き出してみましょう
あなたが困っている場面（Aに記載した内容）で、本人が口にしていた言葉ややっていたこと、行動等をありのままに書いてください。

5) 家族や援助者など、周囲の人の関わり方や態度による影響を考えてみましょう。

6) 住まい・器具・物品等の物的環境により生じる居心地の悪さや影響について考えてみましょう。

7) 要望・障害程度・能力の発揮とアクティビティ（活動）とのズレについて考えてみましょう。

8) 生活歴・習慣・なじみのある暮らし方と、現状とのズレについて考えてみましょう。

STEP3 共感的理解
本人の視点から課題の思考展開を行います。

D 課題の背景や原因を整理してみましょう
思考展開エリアに記入した内容を使って、この課題の背景や原因を本人の立場から考えてみましょう。

E 「A課題の整理Ⅰ」に書いた課題を本人の立場から考えてみましょう
「D 課題の背景や原因の整理」をふまえて、あなたが困っている場面で、本人自身が困り事・悩み・苦痛を感じていることや、どのようなことを求めているのは、どのようなことだと思いますか。

F 本人にとっての課題解決に向けてできそうなことをいくつか書いてみましょう
このワークシートを通して気づいた本人の気持ちにそって今できそうなことや、試せそうなことと、どの程度の事実確認が必要なこと等をいくつか書いてみましょう。援助者の思考展開を行います。

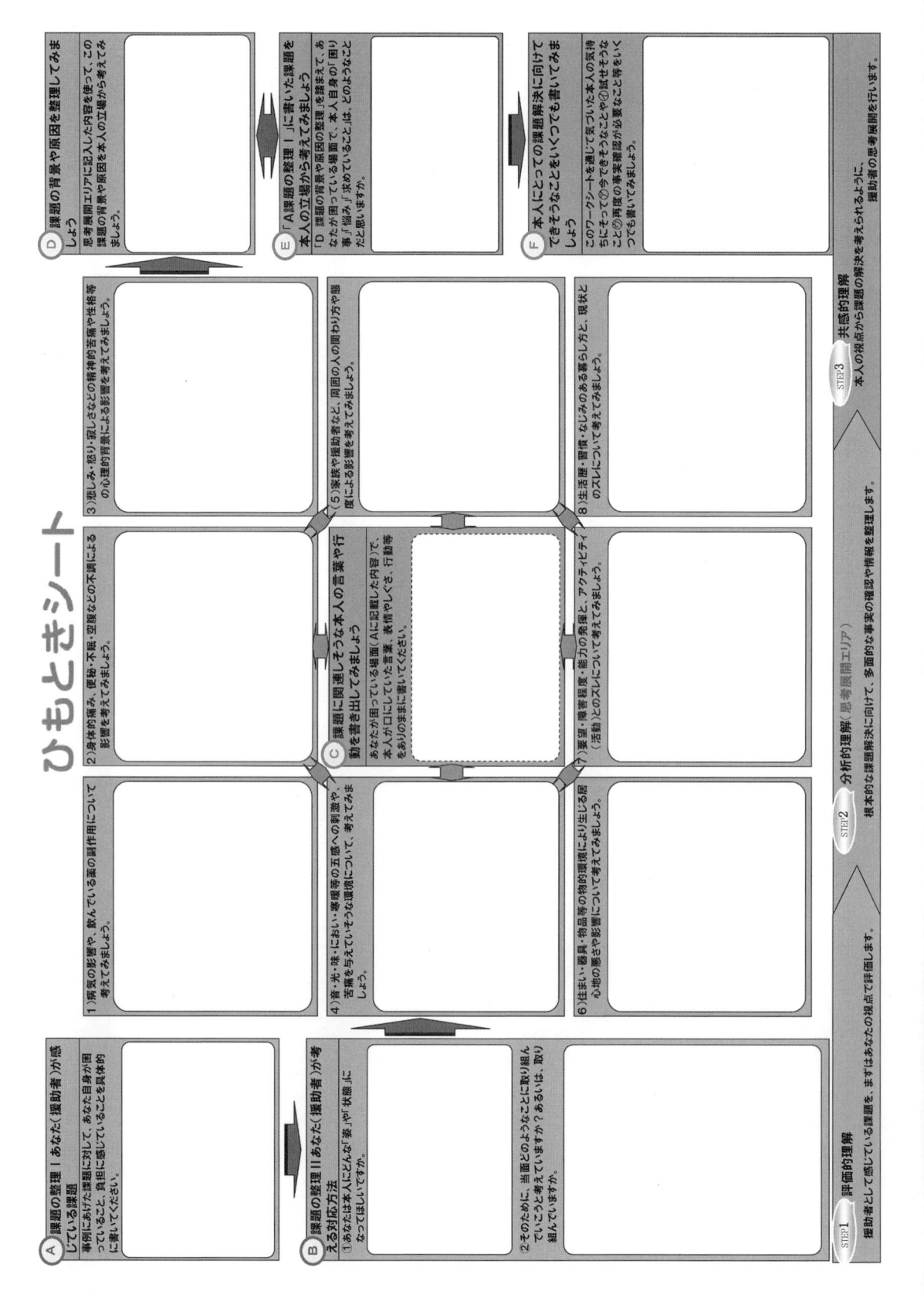

2　認知症の代表的な4つの原因疾患と対応のポイント

	どんな病気か	症状の特徴	介護と療養のポイント
アルツハイマー型認知症（AD）	○認知症となる原因疾患の中で最も頻度が高い。 ○異常な蛋白（アミロイド）が神経細胞に蓄積し，神経細胞が脱落して脳が萎縮することで起こると考えられている。 ○発症までに長い潜伏期間があると言われ，ゆっくりと進行する。	○初期症状には，近時記憶の障害や実行機能障害，時間の見当識障害が多く見られる。 ○進行するにつれて遠隔記憶の障害や，場所や人の見当識障害，視空間の認識や判断力の低下などで生活に支障をきたすようになる。 ○感情は最後まで保たれることが多い。	○遠隔記憶や手続き記憶は，症状が進んでも長く保たれるため，それらを活かした活動を行うとよい。 ○場所や物が認識しやすい環境づくりに努める。 ○実行機能障害で手順がわからない場合は，モデリング（やって見せる）ことが効果的。 ○記憶や視空間認識の障害から，初期でも道に迷いやすいので，徘徊の対応策を考えておくとよい。
脳血管性認知症（VD）	○脳梗塞や脳出血により，その先の血流が障害され，脳細胞が壊死するために起こる。 ○障害部位の大きな脳梗塞により急激に発症する場合もあれば，小さな脳梗塞を繰り返しながら階段状に進行する場合もある。	○脳の損傷部位や程度により，現れる症状が異なる。よく見られる症状は，意欲の低下や感情失禁，失語，失行，実行機能障害など。 ○脳の損傷部位によっては，麻痺や嚥下困難，構音障害，歩行障害等の身体症状も現れる。 ○記憶障害については，本人の自覚がある場合もある。	○症状がまだらに現れやすいため，本人のできること・できないことをよく見極めて支援する。 ○高血圧症や心疾患，糖尿病などの動脈硬化のリスクとなる生活習慣病の治療や生活習慣の改善を行い，脳血管疾患の再発を予防することが大切。 ○意欲の低下に加えて，麻痺等の身体症状がある場合は活動性が低下しやすいため，廃用症候群を予防する関わり（例：デイサービス等の積極的な利用等）が必要。
レビー小体型認知症（DLB）	○異常な蛋白（レビー小体）が，脳幹や大脳皮質などに出現して起こると考えられているが，原因は不明。	○パーキンソン症状（小刻み歩行，身体のこわばり，表情の乏しさ等）が多くに現れる。 ○精神症状では，リアルな幻視や抑うつが出現しやすい。 ○自律神経障害（特に起立性低血圧）も多く見られる。 ○症状の日内変動が激しい。 ○抗精神病薬への感受性が高い。	○小刻み歩行や起立性低血圧から転倒しやすく，転倒予防のための環境整備や起立時の見守りが必要。 ○幻視に対しては，完全に否定せず，本人が安心できるような言葉かけを行う。また，見間違いの原因になりそうな物は片づけておく。 ○自律神経障害により便秘になりやすいため，水分摂取や運動など，生活習慣を整えるとよい。 ○日内変動を観察し，調子の良い時間帯に活動を行うとよい。 ○慎重な薬の調整が必要なため，認知機能だけでなく歩行などの身体症状や精神症状についても医師によく相談・報告する。

前頭側頭葉変性症（FTLD）※ここでは前頭側頭型認知症について記述	○主に前頭葉と側頭葉の萎縮によって起こる疾患で，原因は不明。 ○好発年齢は50歳〜60歳代と言われている。 ○主として障害される脳の部位により，「前頭側頭型認知症（ピック病含む）」「進行性非流暢性失語症」（言葉を流暢に発することができなくなる）「意味性認知症」（言葉の意味を理解することができない）に分けられ，症状も異なる。	○初期では近時記憶の障害は目立ちにくいと言われており，性格や行動パターンの変化で気づくことが多い。 ○次の特徴的な言動が見られる。 ・常同行動（パターン化した行動の繰り返し） ・おうむ返し ・立ち去り行動（状況によらず突然その場から立ち去ってしまう） ・逸脱行為（反社会的な言動） ・病識の欠如 　　　　　　　　など	○近時記憶が保たれている初期の頃から支援者との関係づくりに努める。 ○常同行動は無理に止めずに，好きな作業や行動パターンを取り込みながら，本人が楽しめるような活動につなげてみるとよい。 ○常同行動の一つで，同じルートを歩きつづけてしまう「周徊」が見られる。「徘徊」とは異なるため，無理に止めずに見守る。本人が興味を示す物を準備しておくなど，立ち去りにくい環境を工夫する。 ○比較的若い年齢の発症で行動範囲が広く，逸脱行動で社会的ルールが守りにくいことから交通事故が心配される。特に，車の運転は早期にやめるほうがよい。 ○特徴的な症状や言動で，家族や周囲の人は対応が難しいため，疾患について丁寧に説明し，家族らが孤立しない支援が必要。

※2つ以上の疾患が合併する混合型（例：アルツハイマー型認知症と脳血管性認知症）もあります。
出所：『〜地域で気づき・つなぎ・支える〜認知症相談支援ガイドブック』京都市保健福祉局長寿社会部長寿福祉課，2014年，7頁。

編集委員会メンバー (50音順)

編集責任者　　宮路　博　　（みやじ　ひろし）
編集委員　　　岡本　武尚　（おかもと　たけひさ）
　　　　　　　駿河　香代子（するが　かよこ）
　　　　　　　永田　昭宏　（ながた　あきひろ）
　　　　　　　日栄　優　　（ひえ　まさる）
　　　　　　　宮地　義弘　（みやじ　よしひろ）
　　　　　　　向山　薫　　（むかいやま　かおる）

執筆協力者 (50音順)

梅田　万里子（うめだ　まりこ）	田中　幸志（たなか　こうじ）
奥田　英雄（おくだ　ひでお）	長尾　麻代（ながお　まよ）
河瀬　奈美（かわせ　なみ）	中垣　幸子（なかがき　さちこ）
川端　薫（かわばた　かおる）	西村　太枝子（にしむら　たえこ）
北川　雅子（きたがわ　まさこ）	平野　元（ひらの　げん）
小山　亜希子（こやま　あきこ）	堀田　知子（ほった　のりこ）
齋藤　純子（さいとう　じゅんこ）	横江　千秋（よこえ　ちあき）
佐俣　浩二（さまた　こうじ）	

編者紹介

社会福祉法人　京都福祉サービス協会

　1986（昭和61）年に「京都ホームヘルプサービス協議会」として発足し，1993（平成5）年には，増加する様々な福祉ニーズに応えるため，京都市の出資を得て社会福祉法人の認可を受け「京都福祉サービス協会」に改組。以来，「くらしに笑顔と安心を！」を運営理念として事業拡充を図ってきている。なかでも，訪問介護事業についてはヘルパー約2000名，サービス提供責任者約250名を抱え，利用者6800名（1か月あたり件数）を超える実績がある。

　法人として実施している事業内容（2014年度現在）
（1）　介護保険事業（①居宅介護支援事業，②訪問介護事業，③訪問看護事業，④短期入所事業，⑤通所介護事業，⑥介護老人福祉施設，⑦夜間対応型訪問介護，⑧小規模多機能型居宅介護，⑨認知症対応型通所介護）
（2）　受託事業（①障害者総合支援法にもとづく居宅介護事業，②高齢者すこやか生活支援事業，③地域包括支援センター，④地域介護予防推進センター，⑤在宅介護支援センター運営，⑥児童館運営，⑦軽費老人ホーム（ケアハウス）運営，⑧要介護認定調査事務受託事業，⑨育児支援ヘルプ事業，⑩喀痰吸引等研修事業（第三号研修））
（3）　自主事業（①介護職員初任者研修事業，②ほのぼのサービス（私的契約サービス）事業）

```
法人本部　所在地
〒600-8127　京都市下京区西木屋町通り上ノ口上る梅湊町83番地の1
　　　　　　ひと・まち交流館　京都　4階
電話（075）354-8745　FAX（075）354-8746
ホームページアドレス　http://kyoto-fukushi.org/
```

ホームヘルパーの認知症ケア事例集
——具体例で学ぶ求められる援助——

2014年7月20日　初版第1刷発行　　　　〈検印省略〉

定価はカバーに表示しています

編　者　　京都福祉サービス
　　　　　協会編集委員会
発行者　　杉田　啓三
印刷者　　田中　雅博

発行所　株式会社　ミネルヴァ書房
607-8494　京都市山科区日ノ岡堤谷町1
　　　　　電話代表（075）581-5191
　　　　　振替口座　01020-0-8076

©京都福祉サービス協会編集委員会，2014　　創栄図書印刷・藤沢製本

ISBN978-4-623-07096-1
Printed in Japan

ホームヘルパーの医療的ケア・ターミナルケア事例集

京都福祉サービス協会編集委員会 編

B5判美装カバー 180頁　本体2200円

介護職の新たな業務として加わった医療的ケア。医療職がその場にいない在宅の現場では，様々な問題をひとつずつ解決しながら，手探りで進めている状態である。本書は，医療的ケアと，それに密接な関係にあるターミナルケアに，積極的に取り組んできた訪問介護事業所が，いままでの経験を事例として整理し紹介する。これから取り組みが広がっていく過程で起こりうる問題点と，解決へのヒントが多数示されている。

ミネルヴァ書房
http://www.minervashobo.co.jp/